붉은 입술을 다 써버렸습니다

붉은 입술을 다 써버렸습니다

김현주 시집

시인의 말

이제, 당신의 침묵을 베껴 써도 되겠습니까

2025년 10월

김현주

차 례

● 시인의 말

제1부 뒤꿈치를 든 저녁

발바닥유적G ——— 14
매화나무서사체 ——— 16
목련빌리 ——— 18
사과의 송사를 위하여 ——— 20
느티나무 그늘은 매우 맑음 ——— 22
흔들어 보는 이유 ——— 24
Mr. 한제르의 손 ——— 26
레몬의 감정 ——— 28
큐브 ——— 30
아무르의 크리스마스 ——— 32
공회전 ——— 34
키싱피시 ——— 36
너무 많은 첫눈 ——— 38
반반치킨은 이중감정 ——— 40

제2부 신들의 떼창

마더 —————— 44

아야, 한술 뜨고 가거라 —————— 46

이끼 —————— 48

삭제된 페이지 —————— 50

진흙 오리 구이 —————— 52

수련의 새벽 —————— 54

라이브 플러킹 Live plucking —————— 56

후드경전經典 —————— 58

해바라기 소년 —————— 60

키오스크, 키오스크, 바그다드 키오스크 —————— 62

창밖의 아프리카 —————— 64

신선마트 —————— 66

타임 슬립 Time slip —————— 68

제3부 야옹, 소나기의 시린 오줌발

회전초(Tumbleweed) ——— 72

돌나물연가 ——— 74

지렁이의 눈웃음 ——— 76

리기다소나무는 눈물이 한 상 ——— 78

쩍소리 ——— 80

싱싱한 구두 ——— 82

버드스트라이크 ——— 84

사라진 결심 ——— 86

창밖에는, 보랏빛 디퓨저 ——— 88

지금은 매우 감정적 ——— 90

디스토피아 ——— 92

금줄 ——— 94

금샘탕 ——— 96

제4부 양팔을 흔드는 시간의 어깨

칸나의 시계 ──── 100

1분의 길이 ──── 102

호버링Hovering ──── 104

공진共振하는 벽시계 ──── 106

친절한 프롬프터 ──── 108

자라지 않는 아이 ──── 110

바나나는 길어 ──── 112

월흔月痕 ──── 114

단종斷種애사 ──── 116

안내안전문자 ──── 118

끝물 ──── 120

다초점 나비 ──── 122

그렇게 분홍 ──── 124

▩ 김헌주의 시세계 | 염선옥 ──── 127

붉은 입술을 다 써버렸습니다

제1부
뒤꿈치를 든 저녁

발바닥유적G*

　무영등 아래 하나 둘 셋 …… 갸륫한 양을 세는 동안

　화전에 진달래꽃잎 한 장 올려놓고 양은 도시락에 계란프라이 한 개 올려놓고
　화석이 된 우리는 어디로 이동하는 중이었을까, 나란히 걷던 그해 여름 어디쯤에서
　어떤 빗소리는 병증을 유발했는데

　실핏줄 같은 흙을 하나하나 제거하고 발굴한
　직립보행의 파문,
　누가 다녀간 빈 요새일까,

　만남과 이별이 자주 교차하던 가슴의 절개지에서 화산재처럼 튕겨져 나온

　크고 작은 발바닥(arched foot)의 흔적*

　안개 자욱한 가슴속 진창에 포도송이처럼 자란 빗소리에

죽은 물고기가 다시 살아나듯
들리나요, 내 목소리
겁이 많은 내 이름을 부르는

소리, 빗소리, 사자使者의 발소리.

문밖의 기척에 너무 오래 망설이다 깊어진 상처일까.
파헤친 가슴을 흙으로 덮고 흐느끼는 소리

타자他者의 관찰 행위에 의해 의식을 잃은
탄자니아 숲속, 수만 년, 무성하게 자란 우리의 긴 잠은
충분한 스캔들이었지.

* 1978년 탄자니아 라에톨리에서 발견된 인류의 두 발걸음, '발자국유적 G'로 명명.

매화나무서사체

꽃의 경험은 사람마다 다 다르지만요
누구나 한철만 핀다는 믿음은 광신인 거죠

더디 피면 좀 어때요,
모든 근본주의는 위험해요, 오류에 빠지지 않게 문을 열고
좀 나와 보세요,
매화나무 그늘에 다가가 말을 걸면 거기 누가 울고 있어요
어눌하면 좀 어때요,
허망한 비약이 없어서 오르내리기 쉬운 층계처럼

일찍 피어서 조매早梅 추운 겨울에 피어서 동매冬梅
눈 속에 피어서 설중매雪中梅

자세히 보면 꽃의 진실은 자신의 내면에 피는 것
너이기 때문에 사랑한다 했든가요

지나간 계절은 과거가 아니라 미래의 불안을 건디는
말하자면 꽃의 인격인 거죠

깨달은 만큼, 그동안 들뜬 색을 가라앉히는 데 천년이 걸렸어요

보세요, 설한풍에도 해와 달이 예의를 다해
꽃구름처럼 오누이처럼 당신의 그늘을 맴돌고 있는 것을

키 작은 풀꽃이 보이면 신발을 벗고 낮게 엎드릴게요
탈탈 휠체어가 지나갈 수 있게 문턱을 낮춘
내 가슴을 거처로 삼으시고
부흥하듯, 이제 당신은
천천히, 다시 피어나길 바래요.

목련빌라

꽃피는 동안만 풍경이 되는 동네,
지상에 세 들어 살다 보면 도장 찍을 일이 참 많습니다,
쪽, 쪽, 쪽, 오늘은 쪽수가 많군요
이쪽저쪽으로 날아다니는 것은 벌들의 오랜 습성이라,
연분홍 새 전단지가 봄바람에 휘날리는
춘화春畵 같은 골목은 한창 성업 중입니다

한 잎 지고 나면 다시 한 잎이 돋는 목련의 직거래,
이 봄을 담보로 너의 새 입술을 대출받을 수 있을까
마지막 불꽃이 튀듯 쪽, 쪽, 쪽,
만화방창에 걸려든 벌 떼들이 진땀을 흘리며 고쳐 쓰는
불온한 문서, 양쪽에 서명날인만 잘하면
이 봄도 무사할 것 같습니다만 날인하지 않는다 하여
꽃피는 일을 주저하지는 않겠습니다만

노리개를 반쪽으로 갈라 증표로 쓰듯이
영혼까지 끌어 1,139개*의 깡통에 불도장을 찍듯
아으, 궁창에 가득한 왕들

깜박 졸다 펴본 뜨겁던 혀들의 저 감각적 일치
몸으로 간음한 저들의 죄는 일곱 번이라도 용서할 수 있지만
입으로 간인間印한 저들의 죄는 다시 용서할 수 없지만
도홧빛 혀 사이에 끼어 까맣게 타 죽어버린 벌새처럼

반지하 창틀에 끼어
울고 있는 봄비,
첫 쪽을 넘겼을 뿐인데 붉은 입술을 다 써버렸습니다.

* 빌라 왕 한 사람이 소유한 주택의 수.

사과의 송사를 위하여

여기, 에덴슈퍼의 30% 세일 사과 전문이에요

부사 홍로 쓰가루 양광 파리스의 황금사과 세잔의 초록 사과도 있고요, 여차하면 화살의 방향을 당신에게 돌릴 것 같은 빌헬름 텔의 사과도 있어요

사과의 어휘는 다양해서요, 골라, 골라, 사과 한 봉지에 만 원!!
밖은 저리 빛나고 아름다운데
사과는 예쁜가, 사과는 건강한가, 사과는 달콤한가,
또 붙잡힌 사과 꽃자루,
사과독나방성충이 군홧발로 저벅저벅 지나간 후래요

자, 맛보기예요, 누군가 칼등으로 뒤통수를 툭 쳐서 기절 시켰대요
햇빛도 못 보고 낙태된 사과, 아마 껍질을 돌려 깎을 때 통증을 느끼지 말라는
사과에 대한 큰 오해인걸요, 공부시켜 준다기에 따라간 빨간 유곽보다 더 새빨간 사과는 이 세상에는 없을 거라고

요, 아무도 함께 울어주지 않는

 제의祭儀의 사과
 사과하라, 사과하라,

 사랑이란 어휘 몇 개 달고 눈물을 흘리는 지식보다
 사과가 넘치면 세상은 또 환하게 바뀌잖아요.
 진실 안에 있으면 죽어서도 산다는 기분으로
 바람은 이리저리 불다가 그 불던 곳으로 서둘러 돌아가고
 어디 오늘만 날이더냐, 식물성 눈빛으로 휠체어에 앉은
외로운 할머니들은
 노을에 오물오물 물드는 참 사과를 더 사랑해요,

 자, 맛보기예요, 톡, 껍질을 까고 나면 저마다 시큼한 서정

 사과받지 못한 사과문을 낭독하는
 수요일의 당신과 나는 어떻게 연루된 걸까
 아참, 반값 할인된 당국의 휘발성 혀를 조심하세요!

느티나무 그늘은 매우 맑음

너와 등 돌리고
혼자 걷고 있는

저 강변 무릎 아래의 기분을 뭐라고 할까, 오늘은 먹구름, 상류에서 발현한 적란운이 하류로 흘러 따뜻할 수 있다면 오늘의 날씨는 매우 맑음, 이라 쓴다

책과 붓을 집어던진,
느티나무 한 그루가

우듬지의 먹구름을 펴서 급하게 북을 만들었는데, 한 번의 힘찬 북소리에 강풍이 일고 두 번의 날랜 결기에 비가 내리고, 손오공이 제아무리 신출귀몰할지라도 먹구름이 일으킨 광풍에 5만 리나 휙 나가떨어지던 지리산 마루에
  오늘은 느긋이 말을 매고 잠깐 쉬어갈 수 있겠다,

  쫓는 자가 없어도 이리저리 도망치는 누란의 슬픔에 길을 터주고 달밤에 뺨 맞고 길고양이에게 화풀이하는, 근본 없

는 아Q*라도 피난처로 좋을

  콧등에 돋보기 올려놓고 내다보는
  그득한 그늘,

  기역 자로 등이 굽어 철심을 박고 시멘트 붕대로 허리를 무겁게 감싸고도, 멀리서 파발꾼이 들고 오는 승전 소식을 필사하기 위해 신성한 곁가지에서 어렵게 새순을 밀어 올리는
  오늘의 기분은 매우 좋음, 이라 쓴다

  백발 성성한 당신이 당신의 무릎을 껴안고 먹구름을 잠재우는 시간
  대책 없는 나도 오늘은, 당신의 그늘에 들어
  내일이나 모레쯤 작은 꽃망울이라도 전송해야겠다.

---

* 루쉰의 소설, 『아Q정전』.

흔들어 보는 이유

숨이나 쉬나, 여직 자나,
언 땅이 찔레꽃 뿌리를 흔들 때
꽃은 피나, 간밤에
연인들은 살았나 죽었나,
여인숙 아주머니가 잠긴 문고리를 흔들 때
이번 판은 나가리라고, 쌀집 아저씨가
빈 됫박을 흔들 때, 이팝꽃이 하얗게 피면
풍년이 든다, 귀에 들릴 듯 말 듯 뒷산에서 뻐꾸기가 울 때
애장터의 흰 꽃 한 무더기, 신선나비로 변주된
붉은 노을을 정수리까지 끌어다 덮고

살았니? 죽었니?
숨바꼭질할 때,

세종특별시 앞집 베란다에서
민낯의 알전구 같은 일장기日章旗가
여우야, 여우야, 뭐 하니?
나 잡아봐라!

대명천지에 술래놀이를 할 때
　노상 가판대에서 총 맞은 것처럼
　태극기 휘날리는 삼일절, 죽을 만큼 아픈 계절을 빠져나오면서
　눈물을 감춘 백지영의 노랫말이 가슴을 쥐어짤 때

　가끔씩 머리카락 굵은 빗소리가 지하방의 꽃잠을 흔들 때
　서성이는 빗소리에 갸웃, 버들강아지 웅크린 꼬리를 처연히 흔들 때
　상주 없는 변방의 장례식장에 커다란 근조화환이 헐레벌떡 뛰어왔다,
　모든 쓸쓸한 것들의 형상을 흔들어 보는 방식으로.

Mr. 한제르의 손

지진의 잔해가 소름처럼 피어나는
애도 속, 메수트 한제르*의 손을 옮겨 적는다,
저 손으로 안아주고 저 손으로 뽀뽀해 주다가

입이 쩍 벌어진 손
저토록 타오르는 손
저토록 빨려 들어가는 손
나 여기 있다, 말하는 손
카메라를 의식하지 않는 손
밤이 밤의 손을 놓지 않고
낮이 낮의 손을 놓지 않고
입으로만 사랑한 죄를 용서하소서,
한 슬픔이 한 슬픔의 손을 놓지 못하고
빙빙 돌고 있다, 지구가 태양을 도는 방식으로
태초부터 아버지와 딸은 한 몸이었지요

수만 년, 겉만 핥아온 지구의 눈물
빙하기의 공룡을 먼저 건드린 건 인간의 손이었지

공룡이 넘어질 때 왜 손을 잡아주지 못했지
밤바다를 건널 때 손을 잡아주면 덜 무섭고 덜 외로울 거야

무너진 방금을 기억 못 하는
새로운 지질시대의 저인망,
오염된 땅에 손을 떨어뜨린 채
영혼까지 산산이 부서지고 나면
지구 표면엔 햇빛과 바람과 파도 소리만 남겠지

수결手決하듯, 사랑한다는 말을 움켜쥔 참어讖語
기적을 행하는 천사의 손이 함께 포개어지기를….

* 2023년 튀르키예 지진 당시 무너진 건물 밖으로 삐져나온 딸의 손을 잡고
놓지 못한 한 아버지.

레몬의 감정

>다른 사람을 괴롭히는 증오의 마음만큼
>사람을 흥분시키는 건 없는 것 같다.
>― 니체

레몬 한 조각에 끓는 물을 부었나
몹시 흥분해서 혹은 몹시 두려워서
레몬의 신맛은 어디로 돌아가려는 걸까
몸서리치는 레몬은 이전의 레몬으로 돌아갈 수 없다

레몬은 초식동물로부터 자신을 지키는 수단으로 독을 품는다는데
러시아 병사 앞에 겁박하는 물맷돌이 턱도 없다 싶은데
누가 시킨 것도 아닐 텐데
고통과 흥분이 뒤섞인
폭풍의 잔
한 모금의 갈증이 뽀글뽀글 수면 위로 올라온다

너네 나라로 가, 이 새끼야!!
부글거리는 향기의 가장 먼 폐허에서

노랗게 우러나오는 신음소리
금발의 청년은 고향으로 돌아갈 수 있을까
비구름이여 너는 왜 변방에서 지체하고 있는가
웅크리고 있는 찻잔 속, 레몬과 뒤섞여 숨죽이고 있는
우크라이나 어머니는 모두를 위해 운다*

잎과 줄기를 짓찧어 상처 난 곳에 붙이면 피가 엉긴다는
신속한 처방전을 들고
너는 그렇게 사철 노랗고 푸르구나,
신맛은 누구나 이해할 수 있는 레몬의 감정이지만
레몬의 반대 감정을 쉽게 눈치 못 채는
투명한 기포氣泡만 뽀글뽀글 숨 쉬다 그만 죽어간다.

* 파울 첼란의 시 「백양나무」에서 차용.

큐브

초록 지붕의 커튼을 올려요,

근시의 더듬이로 잠자는 숲을 깨워요

다닥다닥 맞물린 안개를 밀고 가요

안개를 빠져나온 밀바람은 아무나에게 엄마라고 불러요

살붙이가 그리운 거죠, 수만 번의 날갯짓으로 엄마, 엄마, 엄마

어디 쉬운 일이 있나요, 땀을 흘려야 밥숟가락이라도 들죠

잠을 잊은 백야, 색색의 초인종을 눌러요

확신했다가 의심했다가 어디에도 뿌리내리지 못한

빈혈의 거리, 다음 배송지는 어디죠? 나의 임무가

눈꺼풀이 무거운 거리를 한꺼번에 오르내리는 것이라고

생각해 본 적은 없어요, 앗, 저기 핏빛 하늘을 배회하는

더듬이 손들, 혹시 잘못 들어선 건 아닐까,

처음부터 다시 왼쪽으로 돌리고돌리고올리고내리고,

풀꽃이 흔들리는 새벽에는 여분의 날개라도 한 장 더 달아주세요,

길이와 너비와 깊이와 높이를 알 수 없는 손바닥 안의 육면체

저기 정안휴게소 다리 위 겁에 질린 구름이 흘러가네요
눈두덩이 부은 가로등이 우두커니 꺼져요
굴곡진 생의 반환점에야 가속페달을 밟는데
느린 배밀이로 건너오는
창백한 푸른 점* 하나
앗, 어머니 아직 거기 계셨어요?
보이는 것과 보이지 않는 것 사이 200m 전방의
붉은 화살표를 따라 우측으로 진입하라는
목이 뒤로 꺾인 나들목
피는 꽃은 피게 두고 흐르는 물은 흐르게 두고
가변차선에 웅크린 수십 년,
취생몽사의 어설픈 나는 지금 어디 있나요
하루를 더 사는 일은 육체의 길이 하나 더 느는 일
엄마, 엄마, 엄마, 두리번거리는 시곗바늘처럼
심폐소생술도 익지로 일으킨 풍뎅이가
뒤집힌 채 빙빙 제자리를 도는.

* 칼 세이건의 말 차용.

아무르의 크리스마스

눈보라를 가슴에 안고 너는 누굴 찾아가는 거니
박자 음정 정확하게 달리기를 멈추지 않았네
처음 보는 폭설도 아닌데, 처음 가는 길도 아닌데
이인삼각이 보폭으로 달리는 순록을 보았네
황금과 유향이 가득한 최초의 크리스마스처럼
보이지 않아도 있는 마음으로
나는 너를 사랑해서, 찰랑이는 머리카락을 잘라서 금빛 시곗줄을 샀지
너는 나를 사랑해서, 금빛 시계를 팔아 머리핀을 샀지
우리는 오로라처럼 반짝였지, 빙판에 미끄러지지 말라는
유목의 배려였는지 몰라, 유목민은 기르던 가축을 부드럽게 안고
급소를 찌른다네, 이것은 동반자에게 건네는
마지막 예의, 정중히
정중히, 물었네,
1달러 87센트*의 설렘이 아직 살아 있느냐고
처음 읽는 책도 아닌데, 이따금 시린 발을 내미는
야생의 이 허기, 함께 갈 때 길이 되고

함께 할 때 삶이 되던 간절한 기도를 돌려줄게,
30년 전의 청첩장을 돌려줄게,
30년 전의 머리핀을 돌려줄게
한밤의 종소리에 한 번 더 입술을 꽉 깨무는
내 안의 짐승의 숨, 호랑가시나무숲에서
깜빡 졸다가 깨어난 델라와 짐*의 설렘이
이렇게 차분할 수가 없네, 당신의 손 글씨로 남은
메리 크리스마스! 굶주린 짐승이 혼자 할 수 있는 일이란
혼자 우는 일이거든, 아무르의 순록은 아직 살아 있을까,
툰드라의 시간은 달리기를 멈추지 않네,
오르츠의 작은 불빛은 나에게 건네는
마지막 애가哀歌, 꽁꽁 얼어붙은 이 거리에선
사람도 짐승도 모두 감시의 대상이라네.

* 오 헨리의 『크리스마스 선물』에서.

공회전

지금 떠나시렵니까,
오랫동안 방치해둔

후류구동, 모니터에 납작 엎드린 마음의 네 바퀴가 울컥한다
젖은 발소리만 듣고도 지니*의 혀는 아무 말이나 하면서 상냥해지고

닿지 않는 곳이 가려울 땐 공회전이라도 하라는 정비공의 당부가 있었다
가려움증을 빌미로 뒤꿈치를 든 검은 고양이,
오래 게으른 저도 젖은 마음을 내어 말리고 싶은 거라

출발도 없이 도착도 없이
속도를 피우는 한 밤의 축제,
엔진소리에 타오르는 심장은 부주의하고
지상은 아직 짱짱한 추위다
광합성이 두려워 깨어나지 못하는 구근식물의

우울증은 꽃의 수리공도 어쩌지 못한다

처참한 전복도 없이 낙상도 없이
흰 거품을 문 3분 동안
다 지나간 길로 돌아가지 않겠지만, 다시는 돌아가는 일 없겠지만
순간의 가속으로, 헛짚는 생각마다
뜨거운 심장이 울컥거려
아직 멀미를 앓는
먼 길,
처음부터, 너는
세상의 지도에는 없는, 험한 맹지盲地였다.

* 내비게이션.

키싱피시
— when I dream*

해조음이 물살을 가르는 유속 빠른 골목
당신이 죽으면 따라 죽을래요

빛나는 햇살에 눈이 시린 수족관
한쪽 눈을 가리고 그대는 어디로 가는가,
홀연히 떠나고 홀연히 도착하는 밤 기차를 타고
중력으로 떨어져 내린 삶의 블랙홀,

살아가는 것은 바람에 나부끼는 것, 달달한
주제도 없이 어설픈 각주로 매달린 푸른 불빛의 행간
어찌하여 이런 옹이진 둥치 속에 갇히게 되었는지
두꺼운 유리 벽을 톡톡 치는 주홍빛 입술

달거리 때마다 우리도 육체를 찾으러 가야 하나
　시간이라는 그릇에 담겨 가라지의 씨앗처럼 부풀어 오는 복부
　부릉부릉 건드리고 달아나는 토종 날치, 넙치, 가오리
　꼬리를 흔들어 날치 입속에 알을 콕콕 슬어 넣고서야 하

초는 여물었지

운명이 던지는 곳에서 한 장의 거래로 남는 거예요,
농어목 등목어과의 열대성 민물고기
관상용으로 키우는 것은 예쁜 15센티

한 마리가 죽으면 남은 한 마리도 따라 죽어요,

초아흐레 낮달이 뜰채처럼 걸려 있는 눈뜬 고요 속
고쳐 묶고 또 묶어도 풀어지는 마음이 있다
배 밑창에서 헛도는 바람개비처럼

입술에 묻은 산소 방울을 쓰윽 닦고 창밖의 따가운 시선을 견디는
산자의 키스들.

* 영화 〈쉬리〉의 주제곡.

너무 많은 첫눈

첫눈을 학습하는 첫사랑입니다
사랑하는 사람들만 기다린다는 첫눈입니다

오늘의 일기예보를 기다리는, 기다림을 소멸하기 위해
 소복이 쌓이는 첫눈입니다만 혀에 닿자마자 사라진 입술처럼
 머지않아 눈에서 녹아버릴 사물을 흔적 없이 지우는
 연습을 연습하는 AI의 인지 혁명처럼,

 마음의 길은 끊어지고 세상은 이처럼 고요한데
 썼다 지우고 썼다 지우는 당신은 언제 오는지,
 진술과 묘사 사이 어디쯤 그가 불꽃으로 서성이는지

 첫눈을 학습한 AI가 고운 눈을 핥으며 흘리는 눈물
 그래봤자, 빙벽에 투명한 눈물 한 방울 보탠 것에 지나지 않겠지만
 혹시 약속 장소를 잘 못 기억하는 것 아니야,
 이미 지나쳤을지도 모르는, 첫 시집 속에 다 담지 못한

눈먼 사랑 이야기

뮤즈여, 이 밤에 한 말씀만 하소서
첫눈이 오면, 아무도 타지 않은 어린 나귀를 타고
생각이 깊은 그가 온몸이 사랑인 그가
설산을 넘어 천천히 오고 있다는 것을!

반반치킨은 이중감정

덜 마르거나 덜 촉촉한
반반치킨, 맨발로 서 있는

노을이 붉새 타네, 파리처럼 부풀던 모퉁이를 돌아가면 사이좋게 닮아가던 치킨집, 안개 솔솔 뿌린 풀들이 돋아나고 또 모퉁이를 돌아가면 극도로 달군 기름 솥은 내내 와류 중이든가,

으스러지도록 품다 버린 닭의 날개들이 푸드덕, 홰를 치며 치맥을 즐기기 좋은 날씨를 뜨거운 귓속말로 읽어주고 그때 누가 또 한 골을 집어넣든지 말든지, 달빛이 출렁, 골망을 흔든 환호는 이중감정이라, 너를 한 입 베어 물고 좋아한다, 고백할 뻔한

슬개골은 잘 구워도 비릿해, 너를 차버릴까 말까, 반칙을 선언한 휘슬에 야광 전광판은 또 머리부터 차가워지고 팔다리 사이를 질주하던 노을이 한 번 더 발꿈치를 들고 순진한 척, 끓는 가슴 속으로 뛰어들 때 너를 적신 기름이 내 옷깃

으로 흘러 축촉한 잠이 될 것만 같던

 기억과 통증 사이, 덜 마르거나 덜 촉촉한 열아홉은
 다만 끼리끼리 시린 몸을 기댄 채 경기를 구경하거나 종
료 휘슬이 손을 들 때까지 따로따로 흩어져

 한 번 더,
 뜨거운 기름에 튀겨봐야 제대로 맛있다고 할까,

 공중의 암막 커튼 뒤에 숨은 철새들의 스트라이크에도
 섬광 같은, 179명*의 죽음의 불시착에도 고개를 갸우뚱
하는

 치킨의 감정엔 배후가 없네,
 동이 서에서 너무 먼 것 같아
 혼자서 함부로 갈 데도 없네.

 * 제주항공 참사로 유명을 달리한 희생자들을 추모하며.

제2부

신들의 떼창

마더

녹슨 제 가슴을 비비는 귀뚜라미 울음은 슬픔의 음역대가 높다
애가 끊어질 듯 이어지는 선율을 타고 통통 붇은 달빛

추운 창살의 안과 밖, 한을 품고 썩지 않을 물웅덩이가 어디 있으랴마는
불온한 꽃씨 하나 보배처럼 품고
이파리는 파랗게,
뿌리는 깊게,
열매는 충실하게,
걱정 마, 국가는 내가 책임질게, 농담처럼 가볍게

몇 겹의 적막을 끌고 다니는 풀벌레들의 취침 점호와 함께
오늘이 훅, 오늘의 촛불을 끄면
빈 무덤처럼 열렸다 닫히는
그림자 둘,

하늘만큼 땅만큼 너를 사랑한다, 끊어질 듯 이어지는 나

팔수의
  비브라토, 간신히 도착한 오늘이, 누군가에게는 미처 오지 않을
  내일이라는 예감으로 꿈마다 면회 오시는
  초월의 어머니와,
  귀뚜라미처럼 숨은 얼굴로만 울던 옆방의 77번 앳된 청년의
  텅 빈 시선이 함께 발꿈치 들고 있는

  불면의 자장가, 자장자장 우리 아가,
  식은 잠 속의 아야, 너는 엄마도 없니?
  잡은 손 뿌리치고 어디로 그리 급히 가는 길이냐,

  먹구름 사이로 구부정하게 걸어오는 달빛

  목숨의 발끝까지 들어 올리는 공중의 나팔 소리는
  지금, 수심 깊은 감옥이다.

아야, 한술 뜨고 가거라

해밀턴호텔 골목 상가 문설주마다
어린양의 가파른 울음이 아직 대롱대롱 매달려 있다

개미 새끼 한 마리 얼씬 못하는, 폴리스라인 안쪽으로
어느 슬픔이 진설해 놓은 막막한 젯밥

아야, 그만 놀고 손 씻고 들어와 밥 먹어야지!

촘촘한 인파를 밀치고 헤엄쳐 가던 노을이
슬쩍 하늘의 전광판을 지워버렸다

응답하기엔 너무 투명해져 버린 아야, 의 이름들

목자는 어디 가고 양들만 흩어지고 흩어져서
어느 들짐승의 밥이 되었는가,

비탄의 놀이터, 지상의 울부짖음을 밟지 않으려

젖은 달빛 사이로
흐르고 흘러가는 아이들

이제 우리 모두 가면을 벗고, 본향으로 돌아가야 할
다 저녁때, 둥근 밥상에 동네 꼬마들을 둘러앉힌

우리 엄마는, 늘 그랬다,

아야, 때가 늦었으니, 찬은 없어도 밥이나 한술 뜨고 가
거라.

이끼

두근거리는 창문이었어요
홍건히 젖어 드는 머리칼
어디선가 퀴퀴한 물의 냄새를 맡고
문갈퀴를 세운 심승이 침상으로 올라왔어요
빗소리를 인질로 삼고 있는
은둔의 서식지,
울음소리조차 차단된
우리들의 방은 너무 깊고 멀었어요,
범람한 계단들이 무명의 발로 뛰어내리나 봐요
온 동네 둥둥 떠다니는 설치류조차
하수구로 난입해 유령의 흉내를 내나 봐요
잠긴 벽을 물어뜯어서라도 살아내려는
하등식물, 끊임없이 찍찍거리는 그 소리가 궁금해
이웃은 가끔씩 손을 넣어 울음의 뿌리를 더듬어 보지만
음지에 기생하는 것들은 끊을 수 없는 중독 같아요
누구의 고통도 혼자 독점할 수는 없다, 샘솟는 뉴스는
배경으로 밑 빠진 독에 장마를 부르지만
땅 밑에 밑줄 긋던 땅강아지는 언제 멸종된 거죠

접혀 있던 계단엔 종기가 누렇게 퍼져 진득거리는 진창길
'출입 금지'라는 붉은 포스터도 아랑곳 없이
홍건히 젖은 세 모녀가 한 상 가득 녹슨 이끼를 떠먹는 시간
젖은 벨벳 같은 슬픔은 생각보다 겁이 정말 없어요.

삭제된 페이지

봉긋한 가슴은 숨어들기 좋게 뭉쳐 있었지

갓 산란한 알을 둥지에서 꺼내듯 오래 접혀 있던 자세를 펼치자
돋아나는 심호흡, 목소리 하나를 꺼내주는데

내 자식 내놓아라, 내 새끼 내놓아라, 악을 썼거든
자식 뺏긴 어미가 무엇이 두렵겠어,

안기부 직원도 무섭다 할 정도로 그늘진 곳마다
소름처럼 꽃은 피고 꽃들은 그 시퍼런 순간을 목격했겠지

배운 것 없이 평생 호미 들고 농사지은 어머니
모든 청각이 사라진 뒤에도 사라지지 못하고
몸서리치는 미망迷妄의 뻐꾸기 소리

나도 아들이 있었다,
옴팡 가슴에 고여 있던 아들은 얼마나 숨이 찼을까

빼앗긴 새가슴을 어찌하랴, 어느 바닥없는 지옥까지 내려
갔다 홀연히 허공을 파고드는 자진모리인가,

   무연고자 묘지 옆, 풀잎 하나 다치지 않고
   소복이 돋아난 오월의 페이지

   정오에는 맑은 정신으로 아들을 마중 나가야지,
   말하는 건 내가 아닌데, 파헤친 가슴에서 발굴된 음성

   뿌리를 지그시 압박하는 화사花蛇에도 놀라지 않고
   펜스 밖 오소소 솜털 돋은 푸른 렌즈들이
   찰각찰각 삭제된 울음을 복원하고 있다.

진흙 오리 구이

흙으로 지어졌으니 흙으로 돌아간다는
너의 영혼을 만져보고 싶어 마음먹고 길을 떠났다

마음을 먹을 수 있다니! 흙의 양식이 마음이라니!
네 마음이 고요하고 평안하기를, 순례자는 요구하고

토슈즈를 신고 높이 날다 주저앉은 왈츠
죽을 만큼 뒤척였을 오리는 백조를 떠났지만

바짝 마른 허공의 너는 아직 젖은 눈빛이다

울음의 무게에 뒷걸음치는 화구의 잔 불씨를 누군가 긴 부지깽이로 뒤적거린다
　진흙으로 빚은 천이백 도 뜨거운 불도가니 속에서도 더 이상 타지 않는

흙의 뼛가루가 서너 홉쯤

떠난 몸도 이렇게 뜨거울 수 있구나, 그러고 보면
육체란 흐릿한 영혼의 흔적이거나 먼지 같은 적막이거나

금방 있던 사람이 금방 없어졌는데 날이 저물고 비가 오고 바람이 분다

간신히 서러운 마음을 봉분처럼 감싸고 주저앉아
흙빛의 오리가 꽥꽥, 운다, 그래, 울어야지, 울 줄 알아야 산짐승이지.

수련의 새벽

기다리는 일밖에 할 수 없어서 물 점을 치네

모든 걸 안을 수 있고 모든 걸 버릴 수 있는 물
죽은 이의 마음이 건너가는지 점괘가 흔들리네

행운을 점친다는 것은 결코 쉬운 일은 아니지만
잃어버린 얼굴을 기억하는 물방울을 닮은 눈

깨진 물거울을 들여다보면
호수 안쪽으로 굴절되는 오래전의 당신
잠시 마주 보고 껴안은 약속이 순간 지워지니까
사라지는 얼굴을 보려면
물을 오래 쓰다듬어
눈을 감고 말랑한 물을 오래 만져봐

 말랑한 표정의 뒤척임과 출렁임, 말랑한 물의 시간이 설핏 잠들면
 물의 말랑한 문 안쪽에서

오래된 사람이 운다는,

말랑한 잠결, 말랑한 수면을 걷다
마주하는 불면은 언제든 익숙해지기 마련이거든

물의 새집을 짓고 물의 새 문틀을 짜고 물의 새 문짝을 달면

그때, 당신의 얼굴을 찾으러 또 올게,

물 점을 치다 보면, 언제나 만날 수 있는 수련睡蓮의 새벽.

라이브 플러킹Live plucking*

고개를 처박고 쟤들은 뭐 하고 있니?
무덤을 파헤치는 까마귀 떼처럼

물 그늘로 숨는 엄마를 봤어요, 옆구리에 아기를 안고, 배고픈 아이는 죽은 혀가 천장에 달라붙어 한 방울의 눈물도 흐르지 않아요, 가여운 내 아기를 좀 부탁해요, 실신한 엄마는 영양제를 먹으면서 새 솜털이 자라기를 기다려요,

버둥거릴수록 쉬지 말고 쥐어뜯어라!
난민 수용소 창살에 매달린 조각달처럼 닫히지 않는 입,
혼몽한 수면에 들어 벌어진 입속으로 눈발이 쏟아져도
결코 젖지 않는 슬픔, 중세를 떠도는 피부병처럼

흩날리는, 중력 없는 저 하얀 깃털들

간편한 결제 수단으로 장바구니에 명품 옷을 담는 사이
세네갈의 야생 오리 몇, 머리를 처박고 옷 쓰레기를 뒤져요
아프리카로 옮겨간 새는 바오바브나무 그늘 아래서 죽는

다는데

  롱 패딩 안의 동물복지
  주기적으로 먹이고, 뜯고, 죽이고
  먹이고, 뜯고, 죽이고

생피 뚝뚝 흘리며 저문 강을 질주하는 무수한 눈동자
우리는 21세기 타임라인 속의 슬픈 짐승들
엄마 심장에 흐르는 선한 피는 엄마를 보호하지 못하고
아기 거위는 절반의 숨으로 시린 발을 내밀고

너무 외로워 혼자 뒤척이는 신이여, 이 피의 제사에
중지 버튼을 누르고 제모除毛제라도 처방해 주세요
봄의 기척에 꽃잎보다 더 놀라던, 내 몸의 내륙 같은
추운 짐승들에게.

* 살아 있는 채로 동물의 털이나 가죽을 벗기는 행위.

후드경전經典

냄새는 올무 같고
냄새는 그물 같고

냄새의 가파른 골목은 갓길이 없어 승천하지 못한
냄새의 아우성,
당신은 일어나 비린 생선 따위는 굽지도 않았다는데
미처 배웅하지 못한 상한 냄새가 발버둥 친다

창문을 넘어오는 눈물의 냄새, 앞발을 긁으며 옆집 개가 낑낑거리고 있다
어린양을 세다가 잠 못 드는 자가 누구냐,
김치 냄새, 된장찌개 냄새, 삼겹살 굽는 냄새, 온갖 떠도는 잡냄새를

한통속으로 뭉치고 눙치는
우리의 메시아
오라 오라, 다 내게로 오라, 저는 것, 상한 것 낙태된 것도 다 오라,

내가 너희로 쉬게 하겠다,

선천적으로 예민한 후드의 알람이 아멘, 아멘, 고개를 끄덕이는 사이
급히 아파트관리실에 전화했는데 주방은 개인영역이라 개인이 수리하래,

수장된 슬픔의 단초를 on off, on off
설마, 설마 하는 사이 인의 장막 뒤로 사라진 우아한 연기들
죽은 자를 호명하는 모니터 안의 304송이 흰 국화꽃이

반 무릎으로 성호를 긋는다,

고통의 냄새는 엉금엉금 기어서라도 공동의 배관으로 함께 흘리가야 한다

오늘은 다행히 날씨가 좋아 창문을 활짝 열었다.

해바라기 소년

  탕탕, 기습작전처럼 바람은 세차게 분다
  무너진 담장에 깃든 찌르레기가 운다,
  가화만사성家和萬事成을 부적처럼 움켜쥔
  저 울음은 난파선처럼 내게로 떠밀려온다

  지옥에 가깝게 재생되는 공중파 화면 속, 캄캄한 복도 끝에서
  창밖을 내다보던 아이, 핏빛 태양은 까치발을 하면 닿을 듯
  까만 씨앗으로 여물어지던 정수리가 뜨거웠다

  너 가짜야, 진짜야, 읍내 이발소나 화장실에 걸린 해바라기 그림이
  진품일 리는 없다, 공습경보를 따라 흔들리는
  폐허의 마른 줄기, 마른 지푸라기처럼 우는 핏덩이를 입에 문
  저 새는 어느 영생을 찾아 헤매나,

  탕탕, 전쟁놀이는 열방의 패권과 다툰다

파도에 떠밀려 온 갓난아이 울음은 손바닥만 한 방패,
저 울음은 어느 날 갑자기 커진 것 아니다 아이가 늙는다고 소멸될 것이 아니다

신들의 떼창이 진흙처럼 밟히는 저 가자지구

공중 투하된 자비의 만나는 주방의 홀로코스트, 펄펄 끓는 냄비 손잡이를 살짝 놓친 0.3초의 순간, 쉿, 소리에 놀라 얼른 귓불을 만졌을 앳된 소년의 죽음에는
노란 꽃받침이 없다,
불타는 증오를
한 잎 한 잎 떼어버린 듯

차가운 아이 손을 움켜쥔 아빠의 울음은 전신화상으로 쓰리다
눈을 크게 떠도 보이지 않는 슬픔의 여백,
할 수 없이, 불타는 지구는
지금 검은 해바라기를 들고 전전긍긍할 수밖에.

키오스크, 키오스크, 바그다드 키오스크

스치는 인기척에도 무슨 말씀인지 사물의 감정을 이해하고 인지해요
발소리만으로도 온몸이 귀가 되어 당신을 집중해요

한 번의 터치로 아라베스크 무늬 식탁에 나를 켜놓은 사람,

요점만 부탁해요
각주는 필요 없어요,

최소한의 감정만 노출시킨 외전外典이랄까, 유혹의 문장은 쉽고 짧거든요, 에덴동산의 뱀이 그랬듯이 당신의 침묵이 거부의 형식이라면 머나먼 반짝임은 별들의 방언, 자가진단 매뉴얼로 찻물은 다정하게 끓고

안녕하세요, n번째 당신, 벨벳 덮은 디반이 아늑하군요
나지막한 성벽을 따라 출렁이는 보스포루스 일몰은
선택의 여지가 없군요,
선택, 다음은 엔터,

안으로 닫아건 상처들이 왈칵 쏟아질 것 같은
오늘의 감정은 케밥,
이방의 메뉴는 가슴에서 가슴으로 따뜻해지고

내 몸을 짧게 스쳐 간 바그다드엔 가끔 폭우가 쏟아지고
번개가 치기도 하지만요, 이것은 다만 사랑의 습관이라고

1분마다 울컥,
나는 당신이 또 그리울 거예요

사랑이 끝난 후의 이명처럼 귓전에 쌓이는 저 기계음은
누구의 꿈속에서 누가 중얼거리는 혼잣말일까.

창밖의 아프리카

예가체프를 기다리네
창밖을 내다보며

후끈한 질감의 바람이 떠도는 카페와 카페 사이, 푸른 커피콩이 천지로 자라고 아찔한 높이의 둥지 한 채, 딱히 네가 온다고 말은 안했지만 저 고도에도 턱을 괴고 기다리는 누군가 있네, 누워 있거나 앉아서 책을 보다가

간식 줄게 기다려! 손바닥을 펴 보이자 토토는 지극히 공손한 자세, 버림받지 않으려고 혹은 헤어지지 않으려고, 믿음으로 혹은 갈망하면서

우러러보는,

샤갈 마을의 연인들은 아무 의심도 없이 목을 길게 늘인 채 하늘을 날아다니네,
지붕 위의 작은 새들은 노래했네, 단 하루뿐인 여름날인 것처럼*

째깍째깍 시간을 재는 창밖의 아프리카,

오후 2시의 태양은 엉킨 골목을 그림자처럼 따라다니고 화병의 꽃들은 지루한 향기에 시들해 있네, 아무리 멀어도 가까운 새들의 중얼거림, 여자의 둥지를 내려다보던, 후투티 한 마리 날아가네, 붉은 울음을 쏟으며 또 한 마리 어디로 날아가네, 또 한 마리, 애달프게 애쓰며

울음이 뚝, 멈춘 저 집은
아직 아무도 도착하지 않았네,

다 식은 커피에 천천히 뛰어내린 노을은 붉었던 전생을 아낌없이 소멸해서 다리 저는 새호리기, 먹이를 물고 막 시동을 끄는 시간

발꿈치를 든 지극한 시선, 아직 창밖에 떠 있네,
허공을 감아올린 기린의 히기처럼.

* 제임스 러셀 로웰의 시 차용.

신선마트

펄럭이는 전단지의 고딕체, 1+1
서두르시라,
신선해지기 위해 우리는 날마다 포옹한다
잡았다 놓친 고당도 캘리포니아산 오렌지, 우월한우,
내일까지만 신선한 국내산 고등어
새기 우니 내가 운다, 면서
야옹, 야옹 떠도는 골목의 시인들
오른뺨을 치면 왼뺨을 내미는 1+1
눈만 마주쳐도 포옹하고 싶은 싱싱한 비린내
비린내는 소유하는 게 아니라 단지 스칠 뿐이다
흥분한 상태로 머물다 사라진 밤의 문장처럼
고양이는 서로의 비린내를 흠향할 뿐
신선마트 안에서 불변의 세계란 없다
낯설고 새롭고 농밀한 얼굴을 좀 보여 주겠니
낯선 표제 시의 뒷목을 주무르는 당신이
꼭 고양이일 필요는 없다
마침내 파지처럼 쌓이는 싱싱한 시집들
내일이면 폐기될 유혹의 1+1

내일까지 원고 마감인데,
서두르지 마라
오리를 가자면 십 리를 가던 나의 고양이는
후각을 잃어 싱싱한 비린내를 물고 갈
얼굴이 없다.

타임 슬립 Time slip

#투구게

붉은 피를 수혈해도 매번 초록 이파리만 낳는 넌 모르지, 이 알록달록한 세상을*

응, 나는 초록 피만 흘리는 선천성 색약이야, 실험실에 거꾸로 매달린

갑각류의 농담이 투명 비커에 코로나백신처럼 쏟아졌어요

엄마의 소환장

난데없는 대법원의 소환장 같은 갑진년 12월

어느 쪽도 편 들 수 없는 엄마가 3학년 1반 담임선생님처럼 말씀했어요,

서로 싸우려면 차라리 운동장에 나가 놀아라, 서로 공부 잘하려고 싸우려면

서로서로 잘하지 말자, 고요.

입춘서立春書

꽃들의 비명은 급성으로 왔어요,

세작細作 같은 비명을 주워 들고 빈둥빈둥 놀고 있는 입춘

서立春書,

　立春大吉　建陽多慶　父母千年壽　子孫萬代榮　掃地黃金出 開門萬福來　壽如山　富如海

　알록달록한 응원 봉을 들고 오지 않는 경칩을 기다리는 청개구리여,

　계속 멀리 뛰는 기분으로

　다 함께 폴짝폴짝,

　# 소년공

　난데없는 경적으로 청개구리가 뒷다리를 동동거렸어요, 늦게 터지는 아이를 변명해야 되는데 달리 갈 곳이 없는 엄마들은 암막 블라인드를 젖히고 사거리를 내려다봐요, 가난하고 착한 아이가 온갖 수난을 겪고 자라서 대통령이 된 세계위인전집 속 에이브러햄 링컨의 옛이야기를 거듭 읽어주면서 훌쩍훌쩍 콧물을 흘려요, AI 엄마는 지독한 독감인가 봐요

　# 모란이 피기까지

어느 초보운전의 급발진으로 정체된 사거리, 당신의 불면에 초록 등을 켜 둘게요
 초록은 희망이니까, 초록은 직진이니까, 초록은 어깨동무니까,
 강남 갔던 제비가 안 돌아온다고 꿀벌이 사라졌다고 눈물 짓는
 울 엄마 속의 꽁꽁 언 봄을 좀 꺼내 누가 진홍색 모란으로 활짝 펴 주실까요.

* 드라마 〈더 글로리〉에서 차용.

제3부
야옹, 소나기의 시린 오줌발

회전초(Tumbleweed)

죽은 것 같으나 살아 있는 야생이다

눈에 거슬리지 않게 발길에 차이지 않게
몸 누인 곳이 썩지 않도록, 회오리바람을 뒤집어쓰고
슬픔을 수음하던

집시의 날들, 엉겅퀴 같은 손으로 음부를 긁느라 정신이 하나도 없는데
가시 검불 같은 쇄골에 사막바람이 인다

너무 가벼워서 쌀쌀한 외출,

공처럼 굴러다니느라 한 번도 직선의 눈빛을 가진 적 없다
바람의 주문呪文이 길어질 때마다 공터의 무인 베이비박스에
손발톱을 감춘 동그란 아이를 남몰래 낳고 낳는
슬픔의 유전자,

세상은 어찌 이리 고요하고 추울까,
폭풍전야의 적막을 바라보는 텅 빈 시선,

한차례의 돌개바람 같은 사내가 너를 또 잡아채 갔나 보다

야생의 눈물받이, 떠돌이 여자의 배가 자꾸 불러왔다.

돌나물연가

황색 꽃이 피면 죽는다,
피지 마!
금지된 식물의 언어로
슬픔의 밀도가 빽빽해진 아이

죽어서도 뿌리내리는 구체적인 슬픔이
덩굴로 뻗어 돌에 감기다가 돌 뿌리 깊이 들어갔다, 노을 쪽에서
죽은 언니의 노래가 울려 퍼진다
여기는 천지가 연둣빛이구나!

지금도 음지의 바위틈에 똬리 틀고 더러 살고 있을
뱀에 물리거나 곪은 상처에 쓰인
다육이의 용처,
연한 순만 똑똑 따먹는
짐승들의 발자국이 두통처럼 지나갔다

피지 마!

금지된 율법을 해석하는 일로 한 생애,
죄를 감추는 일로 한 생애,

아야, 돌나물 뜯어 싱건지 담가 놨응게, 와서 언능, 가져 가라잉!

꽃 다 피기 전에 다음 생을 준비하는
언니는, 과거라서 항상 슬퍼!

아침저녁으로 말없이 올리는 극빈의 기도문처럼
양지에서는 석류가 또 피를 흘리고
음지의 텃밭에 눈먼 듯 매달려 있는

연한 질감의 십육분음표, 두서없이 넌출지는
내 몸에 황색 꽃이 자꾸 파고든다.

지렁이의 눈웃음

지렁이처럼 꿈틀, 혼자 울다 웃는 돼지야
말랑말랑해서 주물러도 터지지 않는 돼지야
바닥에 패대기를 쳐도 피 흘리지 않는 돼지야

태엽만 잘 감아주면 영생하는 돼지야
찢어진 눈으로 찍찍, 거리다가도
단돈 천 원에,
뒷다리가 쏘옥 앞다리가 쏘옥,

거뜬히 일어서는 내 노동이 부럽지요?

강제로 태엽을 감지 않으면, 우린 매일 두통약을 먹어야 해
태엽만 잘 감아주면 지글지글 뒤집히며 쿨쿨거리는
뒷골목 순댓집 삼 겹의 삶도 거뜬히 버틸 수 있어,

  그것은 참 쉬운 맹세, 아니, 장난감 같은 내 몸에 새긴 주홍 글씨야
  흐린 불빛 아래 히죽 웃는 나는 누가 태엽을 감아준 걸까

계단을 급하게 내려오는 애인의 하이힐 소리만큼 열렸다 닫히는

 개폐식 그늘 속에, 혼자 울다가 웃는 지렁이를 보았어,
 애벌레처럼 꿈틀, 기어가는 저 사내의 눈웃음을 펼치면
 어디까지 길어질까

 물컹하게 삶은 돼지꿈을 꾸어도 전철 맨바닥에서 태엽이 풀린
 당신과 오늘의 나는 또, 빈손.

리기다소나무는 눈물이 한 상

땡볕에 더위 먹지나 않을까
굽은 등 뒤로 바람이 한 뭉텅이씩 감기네
꿈도 사랑도 외줄을 타고 아슬아슬
투명 발자국을 찍는 퍼포먼스
저 다림줄을 놓아버리면 어쩌나,
끙끙 앓는 소나무와 노란 리본을 질끈 동여맨
일인 시위대, 어느 가난이 눈먼 허공을 붙잡고 있나

'외벽 수리 중이오니 단지 내 곤충들은 조심하시기 바랍니다'

복사된 해를 품고 굴절된 표정을 다 써버릴 때까지
　자신의 그림자와 앞서거니 뒤서거니 난반사 물너울 헤치고
　발목이 푹푹 빠지는 하루살이, 50층의 태산을 넘고 넘어
　뼛속까지 아픈 정강이가 흘러내리고

　101동과 102동 사이 조등을 밝힌 소나무 아래

못 박혀 있는 시시포스.
눈물 세정제로도 닦아내지 못한 저편의 악몽
미안해요, 우리들의 무심천無心川
너무 아프면 참지 마세요
뽀드득, 이라도 갈면 덜 아프지요

지금은 공중에 세든 별들도 눈물을 닦고 잠드는 시간.
아무도 눈 흘기지 않는 집으로 이제 그만 돌아갑시다
감람유로 불을 밝힌 아이들이 기다리는 따뜻한 곳으로
아무 일 없는 듯, 그래야, 다른 산벌레들 어둠을 털고 나와
새끼들의 먹이를 사냥하니까요

당신의 눈물이 하얗게 지워질 때까지
수천의 울음을 소리로 퍼 나르는 공중의 부리가 핏빛이다.

찍소리

  땡볕의 으름장이다, 찍소리 말고
  가만히 있으라는 행정 안내 문자다

  쥐구멍에 누가 사시는가 야옹, 우아한 고양이의 짜릿한 미소다
  무작위로 퍼붓는 소나기의 시린 오줌발, 야옹, 골목의 누런 지린내다

  부실한 천장과 음습한 지하는 광대하다
  공익으로 우르르 몰려다니는 아나키스트,

  찍소리 못하고 빗물에 수장된 음지식물도 많다
  가끔 찍소리에 발각되어 기사화되기도 하는
  찬란한 폐허,
  '나는 신이다'* 대표 연설하시는
  당신은 신변 보호용 스마트워치를 차고 다녀야 할지도 모른다

남몰래 주운 동전으로 희망 적금이라도 붓듯
세상은 생각보다 죄인들이 도망 다니기 쉬운
불멸의 세계,
늙지 않는 샤넬, 죽지 않는 잇 백

욕망이란 인간에게 행운을 주는 기운이지만 지나치면 불길하다
그렇게 찍찍 울다가 우리 아빠 감옥 가?
감성이 여린 쥐새끼들은 쥐 죽은 듯, 오래오래 울었다,

동살이 번쩍 플래시를 터트려 다 읽어버린 서생들의 숲

그 천민의 숲에 또 무엇이 살아 숨 쉬는가,
막장 속 서치라이트처럼 희번덕이는 눈동자들
그러니, 왕이여, 햇빛을 가리지 말고
통나무 구멍 앞에서 십오 도만 비켜 서 주시오.**

* 넷플릭스 다큐멘터리. ** 디오게네스의 말 변용.

싱싱한 구두

왼발 오른발을 바꿔가며 본능적으로 꼼지락거리는 발가락들
쭈그러들거나 늘어진 시간 이전의 후각으로 되돌리는 것은
구두코의 통증,

어디로 치킨을 배달하러 나간 길일까
시간을 재촉하며 오늘의 폭설 소식에 다시 발이 얼어붙지 않을까
잠들지 못하는 발등에서 생피皮 냄새가 났지,
코를 벌름거리는 젖은 눈발에선
킁킁, 고약한 냄새도 났지

함께 노숙하던 때보다 더 싱싱한 모습으로
사라진 영혼을 애타게 부르는
경건의 시간,
뛰면 뛰고 서면 멈추면서 얼마나 애를 썼는지
궤도를 이탈한 주인을 끌어안고
너덜너덜 우는 구두코에선 아직 생피[血] 냄새가

물컹하게 만져졌지

헤드라이트가 미처 읽지 못한 소래 갓길
빈 밥그릇 같은 슬픔에게 현지인의 것인지 불법체류자의 것인지
쓸데없는 논쟁으로 쉬 잠들지 못하는
코리아 드림의 슬픔 한 컷, 맨홀 같은 어둠의 문턱에서
입을 크게 벌리고 있는
고요한 정물

당신의 발목은 왜 이리 시리고 아픈가,
속수무책의 눈발들, 부검의처럼 내려와 하얀 천으로 덮어준다.

버드스트라이크

허공의 사랑니가 뿌드득, 부서져 내린다

아말감으로 때운 부실한 꿈을 뱉으며 반사경 속의 새가 아, 입을 벌린다, 턱관절을 크게 부풀린 새, 처음에는 허공을 콕콕 쪼았을 것이다, 밤마다 피를 흘렸을 것이다

서로 다른 꿈을 가진 틈새의 뿌리들, 확신했다가 의심했다가 썩은 자리에 새순처럼 돋는 네 이름을 누가 불러냈을까, 캔디를 물고 잠이 든 꿈속은 길을 잃어도 좋았다

아, 입 벌린 새들의 공원
나, 여기서 잠깐 죽을래,

목을 꺾은 접이의자에 앉아 흰 구름을 솜뭉치처럼 물고 우물우물하는 허밍은 흘러간 계절, 잠깐 몽유에 든 이 생, 무의식적으로 이갈이를 했을 뿐인데

너의 발목에 묶인 지상의 시간들, 부서지고 재생되어

늘 평형을 이루는 듯하지만, 실은, 눈부신 우범지대

죽은 이를 혀로 밀어 보는 습관에 대하여
없는 이를 그리워하는 일에 대하여

공중을 스캔하는 노련한 의사는 은밀하게 충고했지만
너의 눈길 따라 멀어지지도 못하고 추락하지도 못하고
그리 오래오래 앓는 것은,

너 없이는 아무것도 행하지 않으리, 욕망의 뒷모습을 드러내는
사랑의 이갈이, 이것은 너로부터 생긴 나쁜 버릇이니까
어둠 속의 비행, 커튼 뒤에 숨은 새는 꽤 불편하다
턱관절이 자주 어긋나는 봄 꿈은 늘 불안하다.

사라진 결심

당도가 사라진 관계는 위험하다,

싱싱한 햇살 소품으로 앉혀둔 창문 밖의 온도들
잔설이 드문드문 남은 마음 밭은 춥고 어둡고

계곡에 방사한 곰을 아직 기다리는 불량한 신부
성한 것 아껴두고 상한 것, 무른 것, 먼저 골라 먹다가
반은 썩고 반은 물렁해지는

네모 상자 속의
둥근 발작,

굳이 서로 몸을 섞지 않았는데도
시큼한 살의 냄새, 그대들은
식어가는 중인가, 끓어오르는 중인가

개인회생불능 진술서 같은 긴긴밤에
하얀 재로 풀썩 주저앉은

등신等神.

이쯤에서 돌아앉아 백설탕 부어 귤 청이라도 만들어야지

청귤 밭 너럭바위에 쪼그려 앉아
체온을 낮추는 겨울 볕뉘는 결백하다.

창밖에는, 보랏빛 디퓨저

색색의 리드 스틱을 등에 꽂고 뒤척이는 슬픔도 있어요

진할수록 매혹이니까
은은할수록 멀리 흩어지니까
커튼을 젖히지 말아요

돌고 돌아도 돌아오지 않는 계절, 늦여름에 도착한 크리스마스 선물처럼
　표절한 꽃들이 간이 매장에서 하품을 해요
　꾹꾹 눌러 담은 제 몸의 우울을 저 혼자 말리는 것일까

거리에는 철사 옷걸이를 들고 낙태 시위를 벌이고 있는
또 한 무리의 향기들
물관을 타고 번지던 욕망이 시들해질 때까지

슬픔을 오래 말려서 밖에 비가 내리는가 봐요
회전문을 밀고 들어오는 바람을 빌미로
훅 유혹하는 라벤더

본디 보랏빛 심장을 갖고 있었다는 듯

한 잎의 향기는 한 사람의 영혼이라는데
아직 넘겨야 할 페이지가 많은 화학성 우울은
팽창할수록 발향의 속도가 빨라져요

한 번도 뚜껑을 따본 적 없는 핑크 페퍼와 일랑일랑은
색색의 등불 아래 졸음처럼 앉아
유통기한이 지난 그리움의 잔량은 몇 그램?

고급진 유리병에 담긴
포장된 질문들,

너의 슬픔은 너의 향기로만 진정된단다,
더부룩한 청춘에 밑줄 긋던 조용한 설교는 밀봉된 채
그날의 우리는 서서히 휘발되어 가고
창밖에는, 아직 보랏빛 슬픔들.

지금은 매우 감정적

우리 지금 만날까
꿈속에서 당신이 만나자, 한다
너무 뜨거워 휘어져 버린 4차원의 시공간

당신의 지금과 나의 지금이
왜 이리 먼가!

거기는 왜 달콤한 꿈속이고 쓸쓸한 여기는 왜 꿈 밖일까,
그래도 다시 만나자면, 치열하게 눈썹을 떨며
빛의 속도로 날아간다 해도 수만 년이 걸릴 테니까,

지금, 나는 다시 목이 마르고

아카시아 숲길을 빠져나가던 소년을 만나려고 맨발로 뛰던
갈래머리 소녀의 기억을 반으로 접어
유턴을 하여도
지금은 글쎄,
지금은 아쉽지만,

지금은, 오랫동안 소멸하는 감정,

사랑이란 블랙홀 안에 갇혀 물거품처럼 허우적거려 본
사람들은 안다, 애써 잊으려 하지 않아도 지금은 잊혀지고

꽃을 참아왔을 늦가을의 산국이 볼품없이 흐트러져
지금, 얼마나 정신없이 홀로 늙어가고 있는 것을.

디스토피아

붉은 안개 속으로 사라진 이상향을 찾아
쓸모의 외연을 넓히는 사람들,
고만고만한 오이 텃밭 사이로 반짝이는
햇살이 쓸모 없이 눈부시지만,
고랑과 고랑 사이를 달리는 삶이란 게
그리 찬란하지만은 않아서
앞에서 수를 세나 뒤에서 수를 세나
기초수급 한 줄 세우기에 낙오한
철거민, 쪽방촌 사람들, 노숙인의
예상 가능한 외로운 삶들은
이 지독한 빈곤을 자가 증명하기 위해
무료 급식소에 이른 아침부터 줄을 선다,
가난한 구름옷 한 벌 걸친 채
노을 빛깔로 잘 여문 문장 몇 개 골라서
복지재단에 제출하고 온 날,
온몸의 물기가 다 빠져나가도록
앞서거니 뒤서거니 푸른 핏줄을 세운
시계처럼 똑딱거리며 계속 달려왔는데

본 사업에 신청해 주서서 감사드린다는,
탈락하고도 여전히 가슴 두근거리는
고만고만한 위태로운 노각들,
둘 곳 없는 마음이 먼 데를 바라보듯
갑자기 쓸모없는 사물이 된
나의 빈손이,
조물조물 주무르는 상큼한 노각 초무침,
100명 안에 들기 위해 십자군처럼 몰려드는 외로운 기척들
껍질 벗긴 노각들이 담벼락에 우우 줄을 길게 선다
계속 쓸모가 있다는 것을 증명하기라도 하듯
무엇 하나 거저 받아본 적 없는
가난의 까다로운 입맛을 증언이라도 하듯.

금줄

목련 벙그는 소리에 귀 던져둔 교동 해안선의 붉은 경고문

'이 지역은 일출에서 일몰까지 해안 출입을 금지합니다.'

제 길이만큼만 출렁이는 철책 너머
참 독한 사람들이 지나갔나보다,

사람 들고 난 자리는 깨끗해야지! 머리 헝클어진 소루쟁이, 애기똥풀, 토종 민들레가 하얀 꽃 시트를 정갈하게 손질하는 동안 행여, 우발적인 동선으로 고라니도 장끼도

여기까지만 오고 더 이상 따라오지 못하게
금禁줄을 친다,

무더기무더기 감염되어 힘들었던 한 생이 물결처럼 퍼져나간 자리
싱싱했던 가슴이 너와 나란 모순으로 얼마나 여러 번 쪼개어졌는지

그리움 속에서 그리움을 견디는 당신의 비무장지대

안개와 노을에 풀어놨던 호모사피엔스의 자유 같은 거, 권리 같은 거, 결코 주장하지 않는 여린 풀꽃들, 양광陽光의 돌 틈에 턱을 괴고 앉아 카메라를 들이대는 다른 종들의 호기심엔 오히려 침묵으로 고요하다

가물거리는 청력으로 더듬는 경계의 붉은 말씀
때마침 이곳을 거닐던 시대의 왕들도 외국의 사신들도
자신의 그림자만 조용히 거두어 갔을 것이다

그 새벽, 구겨진 이부자리 박차고 급하게 날던 까투리 울음소리
여행자의 늙은 귀에 하얗게 달라붙는다

단호한 못질로 돌아오지 않는 저쪽, 당신의 안부는 가뭇없다.

금샘탕

'다 때가 있습니다'

목욕합니다, 영업 중입니다, 오래 묵은 경전 표지 같은 탕문을 열자 사유가 깊어집니다, 내 것이 아닌 것을 탐하지 말라 했으나 그 밤, 뒤뜰에서 목욕하던 한 여인은 때를 잘 만나 솔로몬을 낳았고, 유명해진 왕은 '만사에 때가 있다'는 지혜의 책을 남겼지요

묵시록 같은 열탕 안에서 때를 기다리는 것은 지루합니다, 모락모락 피는 물안개에 젖은 알몸으로 차례를 기다립니다, 내 몸은 내 소관이 아니라는 눅눅한 생각이 한없이 미끄러운 바닥으로 추락하는 때

다음 손님 어서 오세요,
깜빡, 왕을 알현하듯 물침대에 누웠습니다, 사랑할 때가 있고 헤어질 때가 있듯이

손님, 뒤집어 주세요,

탁탁, 손뼉을 치는 여자의 주술대로 시절時節이 뒤집힙니다, 여자가 이태리타월로 탁탁, 지나간 때를 털어냅니다, 이미 빗나간 당신도 내 소관은 아니지요

 금 항아리가 샘 곁에서 깨지듯 천장에 모락모락 엉킨 물방울들이 탁탁, 하염없이 깨져 내 슬픔과 상관없이 둔부를 스멀스멀 더듬어 간지럽습니다

 손님, 유난히 때가 많군요, 영업 중인 여자의 말이 진리 같은데 어찌 그리 서글픈지요, 패배와 승리의 때가 찰나인 양,

 수문장처럼 서 있던 입간판 옆, 담벼락에 붙어 나란히 웃던 여러 왕들, 부정 탄 얼굴로는 아무도 귀가하지 못 하는 한 때입니다

 '다 때가 있습니다'

금샘탕 지붕 위로 때를 놓친 붉은 소나기 한 무더기, 무효표처럼 아프게 쏟아집니다.

제4부
양팔을 흔드는 시간의 어깨

칸나의 시계

똑똑, 여린 맥박으로 비가 온다

아픈 데를 짚어보며, 나비는 놀라고 꽃은 핀다

두 시간쯤이면 수액이 다 될 거예요, 그때 머리맡의 벨을 눌러주세요

알 수 없는 깊이로 새벽마다 신이 꾹꾹 눌러 담은 칸나의 밥그릇

홀연히 왔다가 홀연히 흘러내리는 한 줌의 시간

굴렁쇠를 굴리는 수만 송이 빗소리는 다 셀 수 없다,
움켜쥘 수 없는 허언처럼 올리브유가 바닥으로 흘렀다,
놀란 엄마는 흔들리는 등불을 어디에 놓아야 할지,

시간이 없다, 없다 하면서 모란은 피고
시간을 다고, 다고 하면서 칸나는 시든다

병든 심연에 생명을 불어주던 빗소리,
똑똑, 무심해졌다

다른 이에게 넘길 수 없는 시간의 그릇을 들고
갈 때까지 가보는 크로노스의 발목

남은 수액이 떠돌다 길을 잃는다,
알 수 없는 언어로 나비는 놀라고 꽃은 시든다,

봉인된 울음을 물고 뻐꾸기가 허공에 떠 있다.

1분의 길이

혼자 중력의 고통을 느끼는
프랭크 운동, 1분의 길이를 힘겹게 체감하면서
저 밑줄 친 가을볕 행간 어디쯤
그리운 이들은 숨어 눈동자를 깜빡이는지
눈을 감아도 타오르는 마음의 별채에서
새소리가 날 때마다
땀방울이 꽃잎처럼 뚝뚝 진다
내 몸이 빈 무덤이었나,
사후까지 깜빡이는 초신성처럼
제 몸의 성근 깃털을 잊은 수평의 자세로
만개한 꽃잎을 당겨 커튼을 치고
비지땀을 흘리는 동안
오늘은 예고도 없이 누군가
깨금발로 건너와 요란하게 울다간다
헤어진 1분조차 안타까워하면서도
만산홍엽의 전후로 나른해지는 허밍은
늘 '괜찮다'는 혼잣말
대지의 실핏줄을 따라 흩어지는

저 분홍 잎사귀 좀 봐봐!

긴장한 경추 밑으로 숨어드는 그림자와

싸우는 절대 고독의 시간

숨을 곳이 고작 여기밖에 없었다니!

떠나라, 떠나라, 청량산 중턱의 목탁 새가 시끄럽게 울지만

급하거나 심하지도 않으면서 쉽게 낫지도 않는

만성慢性의 징후, 내 안에서 내가

너무 오래 너를 버티고 있는 것 같다.

호버링Hovering

식탁 위, 쓰다 버린 어설픈 시詩 같은
풋고추 너덧 개, 저게 홀로 붉어질 리 없는데*

풋것의 밤에 대해, 연두의 숨 가쁜 미래에 대해
이 편지를 보거든 내 꿈에 와 자세히 말 좀 해보라고,

땡볕을 모아 불을 지르던 고추잠자리 한 마리 죽어
무덤으로 삼는 내 의식의 계토,

소리 없이 당도한 햇살 1g에도 연두는 연두를 다하고,
어디 새어나갈 빈틈이 있기나 한지 등을 살살 문질러 줄 때마다
부풀어,
터지려는 화농의 배꼽,

천지 분간 못 하는 난리 통에 피고 지는 일이 어디 저 고추밭만의 일이겠냐
함께 한 방향으로 누워 어디 제대로 품이나 한번 헤아려

봤냐,
　오래 누워 욕창이 번지지 않도록 조심스럽게 써 내려간

　연애편지를 고쳐 조용히 비문碑文으로 읽는
　저 매운 향기,

　묏등에 소복이 내려앉은 온기를 혼신을 다해 만지듯
　서정의 문장에 너라는 한 점을 간신히 착상시키고

　혼자 떠 있다.
　흐린 창밖.

　속수무책의 당신은 지금 어디쯤의 비행일까,

* 상석수, 「대추 한 알」 차용

공진共振하는 벽시계

중첩과 얽힘의 사이에
벽시계가 있다

너는 저쪽으로
나는 이쪽으로
손을 흔들며 지나간다

신호등처럼 가슴의 파란 불빛들은 왜 자주 흔들리는 걸까
돌고 돌다 헤어지는 환승역의
먼 걸음처럼
모호해지거나 기울어지는
겨울 코트 깃처럼

양팔을 흔들며 사라지는 시간의 어깨들
어두워지면 잠자리에 들고 해가 뜨면 일어나
추운 계절은 슬하에 몇 동백이나 피웠을까

너를 사로잡기 위해 그물로 삼던 신호등이 저 홀로 반짝

반짝했을 뿐인데

   어둠을 등진 사내가 가슴의 공터에서 형광등처럼 깜빡깜빡한다

   마음이 닿아서 기울어지는 눈사람처럼
   몸이 닿아서 녹아내리는 고드름처럼
   상호작용이란, 그런 것

   시간을 버리고 함께 흐름이 되자고*
   오늘은, 너에게 한껏 기울어
   한 방향으로 흔들려 보는 것이다.

* 박성현의 시 「모든 감각을 일으켜 세우고」에서 변용.

친절한 프롬프터

밀교密教처럼 밀고 가는
긴장의 2분간

메인 초점이 보이지 않아, 분리불안으로 떨고 있는
전광판 위의 내 생애는 짧고 걱정은 출렁인다

눈을 맞추며 입을 맞추며
종교처럼 성스럽게, 기도처럼 은밀하게
나로부터 새 나가는 머나먼 고백들,

카테리니행 기차는 8시에 떠나는데*
원작의 의도를 알 수 없어 분위기 파악을 못 하는
나의 소극적 연애
두 손을 모으고 두리번거리다가 가까이하면 멀리 달아나고 기척이 없으면 뒤돌아보는

너와 나의 거리,
애증의 거리.

뜨거운 열기가 느끼게끔 눈물을 흘리며 격하게 포옹하는
저이는 레지스탕스, 눈발 휘도는 국경을 무사히 넘었을까
눈을 감고 설원의 기차를 그리워한다,

컷, 오늘의 대사는 여기까지,

마이크가 꺼진 유명 배우의 표정을 더듬다가
페이드아웃 된 나는 저녁 그림자같이 깜깜해지고

그립다는 속옛말은 아직 한 마디도 꺼내지 못했는데,

프레임 밖에서 회전하는 다정한 자막들이 이국의 눈발처럼
펑펑 쏟아진다.

* 아그네스 발차가 부른 노래.

자라지 않는 아이

힘센 어른이 얼른 되어야지,
꿈속을 내달려 보지만 가도 가도 제자리
가끔은 낭떠러지로 뚝, 떨어져 오줌 지리며
키를 늘이던 긴긴 밤이다

빈 항아리 같은 어머니, 저 하얀 밤을 혼자 언제 다 썰까,
꾸덕꾸덕 말라가던 가래떡, 떡떡, 쓸데없는 걱정을 소거하듯
대청의 괘종소리, 떡떡, 가까이 들리기도 하고 멀어지기도 하던
힘센 아버지는 어느 행간에서 숨 쉬시나

암담한 속도로 점철點綴하던 그믐의 기호들,
중절모 쓰신 아버지와 열두 폭 치마 속에 몰래 감춰둔
어머니의 문장, 지금은 어느 등에 업혀 무서운 꿈이라도 꾸시는지
내 슬픔의 배후는 언제나 당신의 독거,

먼 행성을 걸어오시는 아버지의 큰기침 소리에도
더 이상 공들여 썰 필요 없는 비닐봉지 속
딱딱하게 굳어 곰팡이 피는 차례상 떡국 떡도
소년의 기다림도 가도 가도 제자리

쪽잠을 찢고 문풍지처럼 울던 그림자,
오늘은 곱게 단장하고 누굴 또 마중하시려나
그날의 행방은 묘연하고 주름의 동선만 남은

나는, 또 하릴없이 고샅까지 나가
그믐의 아이가 흘린,
별똥 같은 눈물을 한 지게나 쓸어 담고.

바나나는 길어

어디까지 들어가야 아이들의 웃음소리가 들릴까,
마음의 불씨를 건네는 새벽 눈보라 속, 1량, 2량, 3량……
꼬리가 꼬리를 무는 긴 문장은 길게 해명해야 된다

어차피 놀이인데 멋진 게 좋다, 가위바위보로 이긴 영원한 술래는 아직 없다
속을 텅 비우고서야 꾸물꾸물 기어가 가까스로 닿은 심연

해가 설핏할 무렵이면 자신의 화통火筒을 끌어안고
뒤척이는 골목, 거기가 유일한 단서였다
꼬리만 잡고도 우리는 어디든 갈 수 있었다

배낭을 들고 바람처럼 떠도는 길
구르지 않는 바퀴와 뽑히지 않는 기적소리에 잠든 사이
누가 내리셨는가,

바나나는 길어, 긴 것은 기차… 기차는…
언젠가 끊어질 것을 함의한 마지막 트랙

슬픔의 지류를 타고 떠난 사람이 내게도 있다

술래가 시간을 재고 있는 여기는 영원역
꼬리 잡힌 손님, 빨리 내리세요

시선을 창밖으로 던진 검버섯 핀 아이
그래봤자 기차놀이인 걸,

빠르게 온기를 잃어가는 기침 소리에
녹슨 문고리가 달그락, 달그락, 느리게 놀란다.

월흔月痕

푸른 창의 메모리가 가득 찼습니다
곧 달항아리를 비워내시기 바랍니다

산중에서 만난 소나기가 어찌 이리 꿈같은지,
사이드미러에 배웅처럼 따라붙는
늦가을 푸른 달빛 뭉쳐 빚은 듯한 여자
만발한 억새 숲에 숨으려 한다

어찌 물 없는 골짜기에 달빛만 무성히 자랄까

먼 불빛 같은 몸을 구푸리고 새끼를 많이 낳았지, 그 괴로움은 지나가고 새끼들은 빈 들에서 크다가 집 나간 후에 다시 돌아오지 않으니

괜한 근심으로,

아직도, 즈믄 강가에서 지는 해를 보고 눈물 흘린다면
아직도, 밤새워 단애斷崖의 시를 밥 짓듯 읊고 있다면

울어 본 기억만 있고 소리를 잃은 저 뽀얀 손등에 입 맞추고
이쯤서 돌아서자 하는데

뚜뚜뚜… ㄷ ㄷ ㄷ… 메모리가 하얗게 비워진 청상의 달

의사의 싸늘한 대화 몇 마디로 서러움을 다 털어내라니요
좀 살 만하니까 병들어 퇴고 없는 생, 습작만 하다 가다니요

무연히 버린 마지막 거친 숨까지도 정갈하게 염殮하라고
먹구름을 풀어 하얀 억새밭에 써 내려간
소나기 파본, 잠시 벗어난 산길을 다그쳐 세우듯

빈 들에도 초막에도 못다 풀어쓴, 당신의 서술어 빼곡하다.

단종斷種애사

내 생의 절반을 살찌우던 기억의 밥통
쿠쿠 전기밥솥이 고장 나 AS센터에 의뢰했는데

이미 단종 된 상품이라 수리할 수 없다네
피바람 불던 조선의 아무아무의 귀한 씨가 끊어졌다는
슬픈 사건인데

빗방울에 얼굴 내밀던 어린 풀꽃들
개구리가 목청을 부풀릴 때마다 허기진 뱃구레 부풀던
유년의 촉각은 유순했었지, 이 몸 건사하던
팔 할의 냄비 밥, 지금은 유물이 된

금성석유풍로불 앞에서 밥물 끓어 넘칠까 봐
전전긍긍하시던 순한 어머니, 웅숭깊던 아궁이 솔가지 매운 연기에
 우두커니 뜸 들이던 그리움을 건너뛰고 태근이와 딱지치기하던 전동골목은
 성형이라도 한 듯 너무 많은 것들이 낯설어

최첨단의 AI들만 보폭이 커진
인류세의 밥통들,
링거 줄에 매달려 흔들거리는

창밖의 저 늙은이는 고장 난 기억의 부품 하나 찾을 수가 없어
바람 빠진 거리, 건들거리다가 식은 인형이 되어가고
원하시면 수거하여
곧 소각시키겠다는 로봇 안내자의 냉정한 말에

한갓 인간 사물에 불과한 나는,
화들짝 반기는 키오스크 앞에서 햄버거 하나와 커피를 주문하려고
또 전전긍긍하는 것인데.

안내안전문자

비가 많이 오고 있으니
부모님이 홀로 거주하는 경우 수시로 안부를 확인해 주세요,
까톡, 까톡,

부재는 그리움의 양식, 부모님의 생전을 개울물처럼 건너
뛰고
내가 나의 고독에게 안부하며 '확인' 버튼을 누른다

소가 궁둥이에 '확인' 도장이 찍히면 눈물을 흘린다는데

초록도 붉음도 힘없이 흘러내리기 쉬운 우기雨期
소여물 우물거리듯, 밥알을 씹다가 힘없이 숟가락을 놓쳤다,
귓속에서 빗소리가 환청처럼 이어졌다, 끊어진다

애초향 방아풀 달맞이꽃 질경이도 차가운 비를 맞으며
숨 가쁜 기척이다, 나간 숨이 안 돌아오면 좀 당황은 하겠
지만

'별안간'이란 명시는 어디쯤 지체하다 방금 도착한 부음訃音
그러니 안부가 너무 늦어서 죄송하다고 생각지 마라,

빗소리가 시나브로 잦아지는 밤, 천둥이 우르르, 번개가 번쩍
밤보다는 밝고 낮보다는 어두운 시야 속에

백내장 앓던 황소가 누군가의 안부를 되새김질하듯,

'확인' 버튼을 한 번 더 확인한다,

너와 나의 목숨이 아직 지상에 있다고.

끝물

예쁜 종 모양의 상록수, 스파티필룸,
뭉치듯 흩어지다가 마침내 꽃들이 핀다

운신할 공간이 없다는 이유만으로 가지를 치다가 1cm만 더 밑으로 허리가 잘렸더라면 아기집을 잃을 뻔했는데 난산인 듯 하얀 피를 뚝뚝 흘리고 있는

상처의 꽃, 깨우침이 눈부시다

왜 이렇게 힘들게 사느냐고,
여긴 꽃길이 아니라고, 선택조차 버거운 지하 방
홀로 험한 시절을 엿본 듯,

하늘을 믿고, 땅을 믿고, 은혜의 단비라는 말을 믿고 제 살을 뜯어 먹이며 떠내려가는 우렁각시의 심정을 지상의 사람들은 알기나 할까
더위도 잠시 휴전을 알리는 듯
7월도 끝 무렵

인고의 원칙을 지킨, 정신의 무늬

기운 햇살 한 꼭지 지하로 내려와 분만촉진제라도 놓는지
쉿, 숨죽인 문밖
오메, 우리 어매, 시 낳고 계셨네!

책상다리로 끙끙 앓고 있는 여든의 채순 여사,
모진 삶의 품격이 여기에 있었다는 듯
밤공기를 뒤흔드는 만삭의 붉은 시편들

당신을 오래 읽다 보면,
어떤 것들은 맑은 영혼을 갖게 돼, 그건 아마
생명의 소멸에 대한 암시이기도 해서 끝물인 내 몸에서도
한 움큼의 마른 이슬이 뚝뚝 진다.

다초점 나비

삼월은 황사가 독점한 달, 창밖이 뿌옇다
실뭉치처럼 뭉쳐 다니는 나비의 그늘

나비의 가쁜 숨소리를 받아 적던
빗소리가 하나, 둘, 셋… 멀어지는 잠 속으로 나를

끌고 갔다
막막한 허공

간호사의 손이 급정거할 때마다 봄나무가 각질 벗는 소리
사각사각 물오른 가지 전지하는 바람 소리 얼었던 냇물 빗
장 여는 소리 풋잠자리 연못에 꽁지 터는 소리

녹내장 앓던 창을 드르륵 열고 천사가 손을 흔든다
눈 떠보라고 후려치는 번개와 함께
트레몰로로 뛰어다니던 막다른 골목

잘 보이시나요?

숫자는 몇으로 보이시나요?

수북한 풍경을 줌인, 줌 아웃 하는 사이
천 개의 더듬이로 나비가 들고 오는 들판의 향기
팔랑거리다 놓친, 그대는 가깝고도 먼 거리

다행이다, 회복 후 양안시력은 0.8
가물가물한 당신이 먼 우주로부터 뛰어오는

봄은 다시 환했다.

그렇게 분홍

햇빛과 구름과 바람을 당겼다 놓으며 능소화 넝쿨 허공 건너간다, 그 여름의 행사를 막을 장사가 없었다, 너는 속살이 실하게 차올라 제 그늘의 깊이로 화사하고 가슴 봉긋해진 욕망을 끝내 끌어내리지 못했다

붉음의 절정은 허공에 발 멈추는 것, 팔월의 눈과 비도 그냥 통과했으면 좋겠는데 어쩌자고, 잎맥을 타고 줄기를 타고 물관을 타고 향기를 허공에 토한 것이냐

검불처럼 굴러다니는 지금 사 내 몸의 안과 밖이 서로 다른 향기를 가졌다는 것을 어렴풋이 깨닫지만 너의 취향에 맞춰 귓불에 향수를 뿌리던 것은 평소에 가보지 못했던 길을 가려는 추운 계절의 낙엽 같은 것,

원가지 하나가 병들면 옆의 가지도 시든다, 우듬지 연한 순은 빨리 마르고 음습한 뿌리는 아직 젖는다, 아무것이나 타고 기어오른다는 것은 아직 수액이 남았다는 것

그만 떨쳐야 할 생각이 많다는 것

햇살 그물을 찢고 훨훨 날아간 내가 나를 방임하는

분홍의 한 때,

어딘가에 쪽지처럼 접어둔 한 사람이 허공 건너가는 것 보인다.

김현주의 시세계

안부와 애도를 복원하는 윤리적 언어

염선옥

김현주의 시세계

안부와 애도를 복원하는 윤리적 언어

염선옥

(문학평론가)

　김현주의 시세계는 현실의 결을 외면하지 않는 투명한 언어에서 비롯된다. 그의 시는 인간의 상처와 그에 대한 위로를 동시에 품어낸 진정성의 기록이다. 『페르시안 석류』(문학아카데미, 2010)에서는 일상의 미세한 흐름 위에 타자의 고통과 낯선 세계의 미학을 선명한 이미지와 산뜻한 상징성으로 길어올리는 역량을 보여주었다. 『好好 해줄게』(시산맥사, 2018)는 소박하고 따뜻한 생활의 결, 작은 생명의 숨결까지 세세히 어루만지는 다정함 속에서 삶의 위로와 소통의 의지를 또렷이 드러낸 바 있다. 이어『유채꽃 광장의 증언』(문학아카데미, 2021)에서는 공동체적 상처를 기록하면서 폭력과 소외를 마주한 슬픔과 애도의 윤리를 깊이 탐문했다. 그리고 이번 시집『붉은 입술을 다 써버렸습니다』(한국문연, 2025)에서는 낡고 아픈 삶의 무늬를 덮지 않고 그 깊이를 경쾌하면서도 섬세하게 변주하고 있다. '우리'를 넘어 '그들'로 불리는 존재자들의 어두운 현실과 슬픔, 그 안에 깃든 연대와 치유의 목소리를 포착하면서, 이를 일관되게 '투명성'이라는 미학적 태도로 수렴해 낸 것이다. 이러한 시적 태도는 단순한 공감에 머무르지 않고 문학의 자기 갱신과 울림의 바탕이 되고 있다 할 것이다.

1. 아름다운 허위를 폐기하는 시인

문학적 행위를 췌행贅行으로 치부하거나 자기 과시 혹은 욕구 충족의 도구로만 보는 세태는, 진지한 자기반성의 결여에서 연유한다. 정치적, 사회적 색깔을 드러내거나 개인의 정체성이 시에 묻어나는 것을 경계하는 시인들의 방식과 태도는 시창작의 고유성을 지워버리고 시집을 익명적 다수 속에 파묻히게 만든다. 하지만 시창작이란 일상어를 예리하게 변주하여 존재의 독특한 '행위'를 현전시키는 창조 행위라는 점에서, 시인들은 자신의 인격적 정체성을 명확히 그러한 과정을 통해 드러내게 된다. 그럼으로써 언어와 행위, 인류 공동의 슬픔과 고통 속에 참여하는 진정한 의미를 획득하는 것이다. 김현주의 시는 정치적, 사회적 현실에 대해 단호하고 분명한 자기 목소리를 내는 동시에, 자연의 조화와 공생의 원리를 예리하게 관찰한다. 그 시선은 인간의 개인화와 물질주의, 이기주의와 획일화를 성찰하며 의표를 찌르는 신선한 언어적 전환을 통해 새로운 활력을 생성한다. 그의 시적 매력은 일상의 틀을 낯설게 변주함으로써 익숙한 세계의 밑바탕에 감추어진 누추함을 적확하게 드러내는 데 있다. 시인은 아름다운 허위보다 현실의 진실을 본령으로 삼으며, 시의 힘을 통해 허위의 덧칠을 벗기려는 분명한 의지를 보여준다. 그리하여 그의 시는 당연한 것으로 간주되어 온 삶의 표면에 균열을 내고, 진실한 것만이 아름다움이라는 이름을 감당할 수 있음을 조용히 증명한다.

『붉은 입술을 다 써버렸습니다』라는 표제는 김현주 시의 특이점이자 미학의 절정으로 읽힌다. 일견 '붉은 입술'이란 관능적이고 직접적인 신체의 표상이지만, 그에게 그것은 무엇보다도 세계와 소통하려는 주체의 간절한 매개로 자리한다. 시인은 자신의 입술을 통해 말의 축적과 소진, 그리고 내면의 울림과 외부 세계로의 개방을 동시에 도모한다. "다 써버렸습니다"라는 구절은, 그 소진의 폭력성을 고스란히 드러냄과 동시에, 존재가 언어 위에 자기 자신을 무한히 투사해 온 창작의 여정을 함축한다. 이렇게 볼 때, 김현주의 '입술'은 결코 물리적 실체에 국한되지 않는다. 그것은 시인이 내면의 요구에 따라 세계를 부단히 호출하고 타인과의 소통을 좇으며 끝내는 스스로를 다 소진하는 지점에 닿을 때 비로소 진정한 존재의 흔적으로 남는다. 그 과정에서 시인은 언어를 써버림으로써 무언가를 잃는 듯 보이지만, 오히려 가장 선명하고 근원적인 자기 정체성을 형성하는 것이다. 이러한 미학적 태도는 단순한 자기 노출도 감각적 과시도 아니다. 그것은 존재의 한계에서 비롯되는 절박한 언어로 말해지고 소모됨으로써 더욱 깊어지는 시의 진정성, 그리고 남김없이 내어줌으로써 오히려 생의 새로운 의미를 획득하는 증거이다. "붉은 입술을 다 써버렸습니다"라는 언명은, 결국 소진과 환생이 맞닿는 자리에서 비로소 탄생하는, 김현주 시의 독특한 감동과 미학의 원천임을 증명한다. 그의 시집은 바로 '괴로움'과 '고통'받는 자들을 향한 '자기 소진'을 통한 존재의 자기 확립에서 출발한다. 그 본질에 집중된 언어의 힘은 고요하지만 선명한 감동이 된다.

2. 너무 쉽게 지나쳐버리는 얼굴들

문학은 늘 진실의 곁에 머문다. 그 진실이 쉽게 정의되지 않는 흔들림 속에 있더라도, 그 진실을 좇는 문학의 고집스러운 운동성만큼은 선명하다. 아이작 디네센의 "모든 슬픔은 말로 옮겨 이야기로 만들거나 그에 관해 이야기한다면 참을 수 있다."라는 문장은 마음을 오래 붙든다. 고통마저 언어로 형상

화될 때, 인간은 마침내 그 슬픔을 감당할 수 있게 된다. 아렌트가 지적하듯, 모든 행위는 말에서 시작한다. 우리는 서로를 향해 말을 건넴으로써 그리고 이야기를 만들어 감으로써 더 나은 내일을 꿈꿀 수 있다. 문학의 언어가 보이는 진실의 한 조각, 바로 그것이 우리 삶의 방향이 된다. 김현주는 '나'와 '너', '우리'와 '그들'의 경계를 무화하는 작업을 수행하며 폭력과 야만의 시대에 인간의 존재론적 위기를 구원하려고 한다. 그에게 '그들'은 더 이상 조연이 아니며 시인은 '그들'이라는 타인의 고통을 '우리'의 일부로 성찰한다. 그의 시에는 세상이 습관처럼 외면하는 고통과 폭력이 뚜렷하게 살아 있다. "다른 사람을 괴롭히는 증오의 마음"(「레몬의 감정」)이 익숙한 표정이 되는 순간에도 시인은 "모든 쓸쓸한 것들의 형상을 흔들어"(「흔들어 보는 이유」) "당신의 침묵을 베껴"(「시인의 말」) "필사하"며(「느티나무 그늘은 매우 맑음」) 진실에 다가선다. 그의 집념은 외면당한 것들의 결을 끝까지 더듬어 사회의 어둠을 언어로 옮기고 그렇게 진실이자 아름다움의 기록을 남긴다.

김현주의 시에는 세상이 너무 쉽게 지나쳐 버리는 얼굴들이 있다. 시인은 2023년 튀르키에 "지진의 잔해" 속에 무너진 건물 밖으로 삐져나온 딸의 손을 놓지 못한 "메수트 한제르"(「Mr. 한제르의 손」)를 언급하고, "러시아 병사 앞에" 선 "금발의 청년"과 "우크라이나 어머니"(「레몬의 감정」), "난민 수용소 창살에 매달린 조각달처럼 닫히지 않는 입"의 "엄마"가 가여운 아기를 위해 "중력 없는 저 하얀 깃털들"을 뽑으며 바로 "새 솜털이 자라기를 기다"리고(「라이브 플러킹Live plucking」), 카페나 커피, 새와 같은 개별 사물의 디테일을 빌려 '세계의 빈자·소외자'를 구체적이면서 동시에 상징적으로 그려낸다(「창밖의 아프리카」). "나지막한 성벽을 따라 출렁이는 보스포루스 일몰"의 바그다드라는 이국적 장소에서 빚어지는 전쟁의 폭력과 상처를 한국 도시의 '키오스크'라는 디지털의 무감각과 일치시켜 21세기의 살기 좋은 환경과 극한에 반대에 놓인 사회에서 목숨을 부지하기 위해 애쓰는 사람들, 폭력과 고통을 겹쳐 보여줌으로써 세계의 폭력과 소외를 미학적으로 최소화된 언어로 보여준다. 즉 김현주의 시는 국경 너머 글로컬 사회의 존재가 마땅히 고민해야 할 경계에서 끊임없이 소외된 이들의 구체적 형상까지 모두 포착하고 있다. 요컨대 시인은 튀르키예, 우크라이나, 중동, 아프리카, 유목과 집시, 난민, 이주자, 노숙인 등 쉽게 지나칠 수밖에 없는 세계 바깥의 고통 받는 존재들을 모두 호명하는 것이다. 이를 통해 글로벌 자본의 포악과 풍요의 불균형, 인간과 짐승의 구별 불가능성까지 치밀하게 포착한다. 두 편의 시를 이러한 맥락에서 더욱 꼼꼼히 들여다보도록 하자.

고개를 처박고 쟤들은 뭐 하고 있니?
무덤을 파헤치는 까마귀 떼처럼

물 그늘로 숨는 엄마를 봤어요, 옆구리에 아기를 안고, 배고픈 아이는 죽은 혀가 천장에 달라붙어 한 방울의 눈물도 흐르지 않아요, 가여운 내 아기를 좀 부탁해요, 실신한 엄마는 영양제를 먹으면서 새 솜털이 자라기를 기다려요,

버둥거릴수록 쉬지 말고 쥐어뜯어라!
난민 수용소 창살에 매달린 조각달처럼 닫히지 않는 입,
혼몽한 수면에 들어 벌어진 입속으로 눈발이 쏟아져도
결코 젖지 않는 슬픔, 중세를 떠도는 피부병처럼

흩날리는, 중력 없는 저 하얀 깃털들

간편한 결제 수단으로 장바구니에 명품 옷을 담는 사이
세네갈의 야생 오리 몇, 머리를 처박고 옷 쓰레기를 뒤져요
아프리카로 옮겨간 새는 바오바브나무 그늘 아래서 죽는다는데

롱 패딩 안의 동물복지
주기적으로 먹이고, 뜯고, 죽이고
먹이고, 뜯고, 죽이고

생피 뚝뚝 흘리며 저문 강을 질주하는 무수한 눈동자
우리는 21세기 타임라인 속의 슬픈 짐승들
엄마 심장에 흐르는 선한 피는 엄마를 보호하지 못하고
아기 거위는 절반의 숨으로 시린 발을 내밀고

너무 외로워 혼자 뒤척이는 신이여, 이 피의 제사에
중지 버튼을 누르고 제모除毛제라도 처방해 주세요
봄의 기척에 꽃잎보다 더 놀라던, 내 몸의 내륙 같은
추운 짐승들에게.

―「라이브 플러킹Live plucking」 전문

존재의 고통이 실제 현장에서 잘 드러나는 시편으로, 언어와 이미지의 절제가 돋보이는 작품이다. "고개를 처박고 쟤들은 뭐 하고 있니?"라는 묻는 목소리, "무덤을 파헤치는 까마귀 떼처럼"이라는 비유는 시의 도입부터 극한의 현실과 바로 맞붙는다. "물 그늘로 숨는 엄마", "옆구리에 아기를 안고," 배고픔에 혀마저 말라붙어 눈물 한 방울 흘릴 겨를도 없는 아이의 소소하지만 절실한 풍경은 시의 출발점이 된다. 수용소 창살에 매달린 "조각달처럼 닫히지 않는 입", "실신한 엄마"가 먹는 영양제와 "새 솜털이 자라기를 기다"리는 절박한 희망까지 이런 모습은 육체의 고통과 희망, 또 절망이 빈틈없이 맞닿아 있다. "버둥거릴수록 쉬지 말고 쥐어뜯어라!"라는 절박한 목소리와 "주기적으로 먹이고, 뜯고, 죽이고/ 먹이고, 뜯고, 죽이고"라는 원색적 구호의 반복은 '악의 평범성'과 폭력성, 윤리적 불안의 밑바닥까지 잘 보여준다. "우리는 21세기 타임라인 속의 슬픈 짐승들"이라는 표현은, 부끄러우나 가장 솔직한 자기 고백인 셈이다. 화자는 "너무 외로워 혼자 뒤척이는 신이여, 이 피의 제사에/ 중지 버튼을 누르고 제모除毛제라도 처방해 주세요/ 봄의 기척에 꽃잎보다 더 놀라던, 내 몸의 내륙 같은/ 추운 짐승들에게."라고 외친다. 오리털 패딩의 소비, 세네갈 오리와 아프리카 새, "롱 패딩 안의 동물복지" 등 현대 자본과 폭력의 상징들, 그리고 인간과 짐승 사이의 모호한 경계를 밀도 있게 새김으로써 김현주의 시는 고통을 증언하는 언어의 윤릿값을, 동시대의 가장 감각적인 방식으로 밀착시키는 것이다.

> 탕탕, 기습작전처럼 바람은 세차게 분다
> 무너진 담장에 깃든 찌르레기가 운다,
> 가화만사성家和萬事成을 부적처럼 움켜쥔
> 저 울음은 난파선처럼 내게로 떠밀려온다
>
> 지옥에 가깝게 재생되는 공중파 화면 속, 캄캄한 복도 끝에서
> 창밖을 내다보던 아이, 핏빛 태양은 까치발을 하면 닿을 듯
> 까만 씨앗으로 여물어지던 정수리가 뜨거웠다

/

너 가짜야, 진짜야, 읍내 이발소나 화장실에 걸린 해바라기 그림이
진품일 리는 없다, 공습경보를 따라 흔들리는
폐허의 마른 줄기, 마른 지푸라기처럼 우는 핏덩이를 입에 문
저 새는 어느 영생을 찾아 헤매나,

탕탕, 전쟁놀이는 열방의 패권과 다툰다
파도에 떠밀려 온 갓난아이 울음은 손바닥만 한 방패,
저 울음은 어느 날 갑자기 커진 것 아니다 아이가 늙는다고
소멸될 것이 아니다

신들의 떼창이 진흙처럼 밟히는 저 가자지구

공중 투하된 자비의 만나는 주방의 홀로코스트, 펄펄 끓는
냄비 손잡이를 살짝 놓친 0.3초의 순간, 쉿, 소리에 놀라
얼른 귓불을 만졌을 앳된 소년의 죽음에는
노란 꽃받침이 없다,
불타는 증오를
한 잎 한 잎 떼어버린 듯

차가운 아이 손을 움켜쥔 아빠의 울음은 전신화상으로 쓰

리다

눈을 크게 떠도 보이지 않는 슬픔의 여백,

할 수 없이, 불타는 지구는

지금 검은 해바라기를 들고 전전긍긍할 수밖에.

―「해바라기 소년」 전문

  이 시편은 2025년 현재 가자지구에서 이어지는 폭격과 무력 충돌의 비극을, 시적 내면과 뉴스의 현장성으로 교차시켜 풀어낸 결과이다. 이 시는 "지옥에 가깝게 재생되는 공중파 화면 속"이라는 이미지로, 반복적으로 소비되는 비극의 뉴스를 개별 아이와 가족, 그리고 폐허와 고통의 질감으로 구체화한다. 화자는 "캄캄한 복도 끝에서／ 창밖을 내다보던 아이"를 응시하는 동시에 그의 눈동자를 따라 극한의 현실을 응시한다. 사회적 폭력과 전쟁의 명분은 "가짜와 진짜", "진품"과 '가품'이라는 이분법적 언어 아래서 끊임없이 정당화되지만, 시인은 "저 새는 어느 영생을 찾아 헤매나"라고 물으며 그 사이에서 놓치는 진실과 생명의 의미, 날마다 반복되는 죽음의 얼굴을 망설임 없이 바라본다. "탕탕, 전쟁놀이"가 남기는 잔재는 "파도에 떠밀려온 갓난아이 울음"과 "앳된 소년의 죽음", 그리고 "차가운 아이 손을 움켜쥔 아빠"라는 보통 사람의 죽음과 고통뿐이다. "눈을 크게 떠도 보이지 않는 슬픔의 여백"이라는 구절은 김현주 시세계의 미학적 정점을 잘 드러내는 대목인데,

이 표현은 단순한 비가시성의 이미지가 아니라 타인의 죽음과 상실이 감각의 초점에서 벗어나 '여백'으로 밀려나는 오늘의 사회적 조건을 드러낸다. 특히 뉴스 화면과 매스 미디어가 재현하는 스펙터클은 우리로 하여금 타인의 고통을 영화적 장면처럼 소비하고 흘려보내게 만든다. 그 결과 애도와 공감이라는 감정의 진정성이 무화되고, 죽음조차 매끄러운 시청각 효과에 묻히는 현실이 도래한다. 김현주의 시적 언술은, 바로 그 부재와 무감각의 자리를 정면으로 응시하면서 보이지 않기에 오히려 더 큰 울림을 지니는 '슬픔의 여백'을 미학적 장치로 부각시킨다. 이는 슬픔을 직설적으로 재현하기보다 그 비어 있음과 결핍 자체를 시적 체험으로 환원시켜 독자로 하여금 응시와 성찰의 장으로 끌어들이는 전략인 셈이다. 이 작품은 누구보다 가까이에 선 '목격자'로서의 시인이 극한 현실 속에서 애도와 기억, 슬픔의 지속성을 우리가 어떻게 시 안에서 남길 수 있는지 질문하며 윤리의 한계를 마지막까지 밀고 나간다. 이렇듯 김현주의 시는 고통을 증언하는 윤리적 책임, 세상 바깥 존재들의 사적인 고통을 동시대의 감각으로 밀착시키는 정직함이 있다. 시인은 '나'를 중심으로 가까이 있는 것뿐만 아니라 지구촌에 사는 모든 존재의 고통과 괴로움을 "이해하고 인지"(「키오스크, 키오스크, 바그다드 키오스크」)하는 것이 K-문학이 지향해야 할 미덕이며 현대시의 본령임을 확인시키고 있다.

3. 자연과 인간 군상의 거침없는 결합

 김현주 시인을 통해 21세기의 폭력, 그것은 더 이상 특별한 이의 몫이 아니라 우리 모두의 차지로 자리한다. 누구도 폭력의 그늘에서는 예외가 있을 수 없고, 누구나 괴로움과 고통의 대상이 될 수 있다. 김현주의 "붉은 입술"은 21세기 인간 사회에 들끓는 폭력성과 야만성을 신중하게 해부하는 데 자신을 소진한다. 그의 시에서 '나'와 '너'의 개별성은 자주 느슨해지고, 급기야 '그들'을 우리 내부에 편입하며 모두의 고통과 상처를 나의 언어로 재맥락화한다. 이런 접근 방식은 한나 아렌트의 『인간의 조건(The Human Condition)』(이진우 옮김, 한길사, 2021)에서 강조되는 공적, 사적 영역, 그리고 '행위'의 본질과 자연스럽게 나란히 선다. 아렌트가 '노동', '작업', '행위' 중 특히 '행위'만이 인간다움의 깊은 층위에 닿는다고 본 것처럼, 김현주는 타인의 고통을 시로 증언함으로써 인간성의 윤리적 의미를 부단히 탐구한다. 그의 어법은 경쾌하고 유연하며 때로 파격적이다. 「매화나무서사체」, 「느티나무 그늘은 매우 맑음」, 「레몬의 감정」에서 보이듯 가볍고 발랄한 리듬을 지니는 동시에, 진리와 진실이 하나의 단일한 실체가 아니라는 신념 위에서 단단한 내적 확신을 구축한다. 삶을 구속하고 괴롭히는 현실의 조건들을 나열할 때는 때로 충격적일 만큼 르포르타주적 서술에 가깝지만, 그 체험을 응시하는 태도 속에서 시인은 고통에 머물지 않는다. 오히려 "함께 갈 때 길이 되고/ 함께 할 때 삶이 되던"(「아무르의 크리스마스」) 확신처럼 공존과 연대의 가능성을 모색하며, 개인의 서정을 공동체적 감각으로 확장시킨다. 시인의 이러한 독특한 어법이 잘 드러나는 시편을 한번 읽어보자. 시인만의 다층적·다성적 언어의 윤리와 아름다움을 포착할 수 있을 것이다.

> 꽃피는 동안만 풍경이 되는 동네,
> 지상에 세 들어 살다 보면 도장 찍을 일이 참 많습니다,
> 쪽, 쪽, 쪽, 오늘은 쪽수가 많군요
> 이쪽저쪽으로 날아다니는 것은 벌들의 오랜 습성이라,
> 연분홍 새 전단지가 봄바람에 휘날리는
> 춘화春畵 같은 골목은 한창 성업 중입니다
>
> 한 잎 지고 나면 다시 한 잎이 돋는 목련의 직거래,
> 이 봄을 담보로 너의 새 입술을 대출받을 수 있을까
> 마지막 불꽃이 튀듯 쪽, 쪽, 쪽,
> 만화방창에 걸려든 벌 떼들이 진땀을 흘리며 고쳐 쓰는
> 불온한 문서, 양쪽에 서명날인만 잘하면
> 이 봄도 무사할 것 같습니다만 날인하지 않는다 하여
> 꽃피는 일을 주저하지는 않겠습니다만

노리개를 반쪽으로 갈라 증표로 쓰듯이

영혼까지 끌어 1,139개의 깡통에 불도장을 찍듯

아으, 궁창에 가득한 왕들

깜박 졸다 펴본 뜨겁던 혀들의 저 감각적 일치

몸으로 간음한 저들의 죄는 일곱 번이라도 용서할 수 있지만

입으로 간인間印한 저들의 죄는 다시 용서할 수 없지만

도홧빛 혀 사이에 끼어 까맣게 타 죽어버린 벌새처럼

반지하 창틀에 끼어

울고 있는 봄비,

첫 쪽을 넘겼을 뿐인데 붉은 입술을 다 써버렸습니다.

─「목련빌라」 전문

  이 시편에서 우리는 경쾌하게 조율된 언어의 표면 아래를 조심스럽게 탐색하지 않을 수 없다. "꽃피는 동안만 풍경이 되는 동네"라는 첫 행은 봄의 압도적 생명력과 그것이 만들어 내는 소小우주가 한없이 가볍게 떠오르지만, 그 뒤를 잇는 "지상에 세 들어 살다 보면 도장 찍을 일이 참 많습니다" 같은 구절에서 독자는 다시금 현실의 중력을 느낀다. 김현주는 시적 거리와 통찰의 균형을 아슬아슬하게 유지하면서 일상의 상징들이 단숨에 사회적 알레고리로 전화되는 장면을 연출한다. 특

히 조화와 공생을 추구하는 자연물의 비행과 시어들이 개인주의가 팽배한 인간사의 면면과 결합하여 그 이질적 결합이 비극성과 희극성을 동시에 자아낸다는 점이 시인이 들려주는 미학적 특장이다. 예를 들어 "쪽, 쪽, 쪽, 오늘은 쪽수가 많군요"와 같은 구절은 "이쪽저쪽으로 날아다니는 것은 벌들의 오랜 습성"이라는 묘사와 연결된다. 여기서 꽃들과 연분홍색 전단지가 뒤섞이는 봄의 이미지, 그리고 인간의 행위들이 벌들의 습성에 은유적으로 겹쳐진다. 이러한 풍경 속에서 일상의 사소한 세목들은 신랄한 유머와 내재적 비애 사이를 오가며 반복되며, 시인은 현실의 모순과 자연의 환희를 절묘하게 맞물린 언어로 구축한다.

"꽃피는 동안만 풍경이 되는 동네"라는 첫 행에서 우리가 맞닥뜨리는 것은 '임시성'의 슬픔이다. 봄의 압도적인 생명력, 윤색된 낙관은 곧 "지상에 세 들어 살다 보면 도장 찍을 일이 참 많습니다"라는 무심한 진술에 가로막힌다. 화자는 한철의 환상이나 축제만큼이나 삶이 짧고, 임대의 조건에서 우리가 그리는 풍경 역시 임시적임을 보여준다. "쪽, 쪽, 쪽, 오늘은 쪽수가 많군요/ 이쪽저쪽으로 날아다니는 것은 벌들의 오랜 습성이라"와 같이, 시인은 자연물의 질서와 인간 군상의 일상을 거침없이 결합한다. 연분홍 전단지와 벌, 만화방창의 벌떼와 불온한 문서는 모두 이 국지적 에덴, '목련빌라'의 울타리 바깥에 도사린 폭력적 자본과 부동산 질서, 통계의 냉혹함을 상기시킨다. 그렇게 이 시는 "우리 안에 잠복하는 파국의 감정, 그러나 동시에 삶을 사는 자의 환희와 유머를 단념하지 않는 시적 운동성"을 보여준다. 중반부의 "목련의 직거래", "새 입술을 대출받을 수 있을까", "불온한 문서, 양쪽에 서명날인만 잘하면" 등은 소유와 거래의 언어가 얼마나 일상에 침투했는지를 드러내는데, 그럼에도 화자는 "날인하지 않는다 하여/ 꽃피는 일을 주저하지는 않겠습니다"라며 체념을 긍정의 언어로 전치한다. 이때의 긍정은 결코 결핍의 극복이 아니라 결핍을 견딤으로써만 얻어지는 가느다란 희망이며, 고통 속에서도 '기어이 웃어버리는 힘'(신형철)이기도 하다. "1,139개의 깡통에 불도장을 찍듯" "입으로 간인間印한 저들의 죄는 다시 용서할 수 없지만"에서 숫자로 환원되는 삶, 제도화된 폭력과 언어의 윤리가 겹친다. 수동적 존재("벌새처럼 타 죽어버린")와 적극적 가해("간인間印")를 대조하며, 시인은 세계의 윤리적 실패가 언어(입)와 제도(도장)라는 사소함에 조각난다는 점을 집요하게 붙든다. "반지하 창틀에 끼어 울고 있는 봄비"와 "첫 쪽을 넘겼을 뿐인데 붉은 입술을 다 써버렸습니다"는, 모든 찬란함과 아이러니가 소진된 자리에서 남는 황량한 아름다움이다. 시인은 이 순간에 '미의 마지막 잔여'를, 무익함과 헛됨 사이에 남는 "지독히 맑은 한 시절"을 포착한 것이다. 이처럼 「목련빌라」는 지상의 결핍과 환희, 비극성과 희극성이 교착된 언어로, 도시에 사는 우리의 현실과 감각의 나날을 탁월하게 각인한다. 봄의 풍경 너머에 가려진 도시의 통계적 폭력과 그럼에도 불구하고 피어오르는 사소하지만 절실한 아름다움을, 시인만의 언어로 마주하게 하는 문학적 사건인 셈이다. 문학의 진실은 허구에 기반하면서도 항상 현실에 바투 닿아 있다. 그의 시는 '폭력과 야만'이 개인의 삶을 근본적으로 위협하는 오늘, 독자에게 '제삼자의 안전한 방관자' 자리마저 허락하지 않는다. 그는 증언 문학적 자세로 타자의 고통을 자신의 언어로 옮겨 적으며, 진실의 여러 모습을 집요하게 성찰한다. 이는 한나 아렌트의 '책임성'과도 연결되는 것이다.

4. 뿌리의 단념, 흔들림의 미학

시집 『붉은 입술을 다 써버렸습니다』는 처음부터 끝까지 흔들림의 미학을 따라간다. '하나' 대신 "다양"(「사과의 송사를 위하여」)함을 위해 시적 시선은 늘 물결치고 정적인 세계는 한순간도 존재하지 않는다. 그 시편들은 단일한 원칙이나 절대 이념을 부정하며 다양한 존재 방식과 개별적 삶의 차이를 인정하는 태도에서 본령을 찾아낸다. 「매화나무서사체」, 「사과의 송사를 위하여」, 「발바닥 유적G」, 「회전초(Tumbleweed)」, 「호버링Hovering」의 모티프들은 모두 자연과 사물, 혹은 인간의 삶을 단일한 기준으로 환원할 수 없음을 조용한 목소리로 들려준다. "일찍 피어서 조매早梅 추운 겨울에 피어서 동매冬

梅/ 눈 속에서 피어서 설중매雪中梅"(「매화나무서사체」)처럼 모든 매화가 같은 방식으로 피지 않는다는 진술은 획일화와 근본주의의 위험을 분명히 인식하는 시인의 자세를 보여준다. 이러한 관점은 3부와 4부로 이어져 강화된다. 특히 「회전초(Tumbleweed)」와 「호버링Hovering」의 모티프에서 유목의 삶, 방향의 다양성, 흔들림의 정당성을 공유한다. 「회전초(Tumbleweed)」에서 다음과 같은 구절이 인상적으로 와닿는다.

> 죽은 것 같으나 살아 있는 야생이다
>
> 눈에 거슬리지 않게 발길에 차이지 않게
> 몸 누인 곳이 썩지 않도록, 회오리바람을 뒤집어쓰고
> 슬픔을 수음하던
>
> 집시의 날들, 엉겅퀴 같은 손으로 음부를 긁느라 정신이 하나도 없는데
> 가시 검불 같은 쇄골에 사막바람이 인다
>
> 너무 가벼워서 쌀쌀한 외출,
>
> 공처럼 굴러다니느라 한 번도 직선의 눈빛을 가진 적 없다
> ─「회전초(Tumbleweed)」 부분

이 시편은 고정된 뿌리를 과감히 끊어낸 존재의 미학을 드러낸다. "죽은 것 같으나 살아 있는 야생이다 …(중략)… 공처럼 굴러다니느라 한 번도 직선의 눈빛을 가진 적 없다"라는 진술은 회전초의 본질, 즉 유목적 생존의 자유와 불확정성에 대한 시적 사유를 구현한다. 시인은 정주한 삶, 단일한 방향의 이념이 가지는 경직된 태도를 거부하고 뿌리를 끊고 바람에 맡긴 흔들림 속에 오히려 생의 본질이 숨어 있음을 역설하고 있다.

원래 전쟁과 빈부 격차, 갈등과 소요는 하나의 이념, 절대적 가치의 충돌에서 발생한다. 다양함을 상실한 마음에서 비롯되는 악행과 그 결과물을 적나라하게 보여준 시인은 이제 '회전초'가 드러내는 이미지를 통해 다양성에 대하여 긍정하도록 독자를 설득한다. "사과의 어휘는 다양"함이듯, 그동안 믿어왔던 "진실 안에 있으면 죽어서도 산다는 기분"이 사실은 얼마나 많은 억울하게 죽은 사람들을 낳았는지 깨달아야 한다고 시인은 강조한다. "바람은 이리저리 불다가 그 불던 곳으로 서둘러 돌아가"(「사과의 송사를 위하여」)고 자연은 한 번도 "직선의 눈빛을 가진 적"(「회전초(Tumbleweed)」)이 없다. 시인은 당연하게 여겨왔던 삶의 노선에 스스로 균열을 내고, 경계와 기순이 고정되지 않는 존재만이 생의 다층적 의미에 다가설 수 있음을 보여준다. 이처럼 「회전초(Tumbleweed)」는 뿌리를 끊는 용기, 다양성의 윤리성을 시적 직조로 환원한다. 뿌리를 끊음으로써 우리는 하나의 이념에 얽매이지 않고, 흔들림과 이동 속에서 생의 참된 자유를 만나며 "색색의 초인종"(「큐브」)을 눌러 "다른 사람을 괴롭히는 증오의 마음"(「레몬의 감정」)을 제거할 수 있을 것이다.

5. 마더 — 여성주의적 상상력

시인은 오랜 시간 지구촌 곳곳에서 확고한 신념과 이념의 이름으로 무수한 존재들이 목숨을 잃고 고통을 받는 현실을 시적 사유로 꿰뚫어왔다. 자연의 조화와 공생의 법칙에 대한 인식에서 비롯된 시적 성찰은 우리를 깨달음의 세계로 이끌었으며, 이제 그는 가장 가까운 이웃의 고통에 눈을 돌린다. 특히 사회적 인재人災와 정치적 독재로 희생된 이들의 비극을 위로하는 데 그치지 않고, 현재에도 여전히 유효한 가족들의 아픔을 '어머니'라는 상징적 존재를 통해 드러낸다. 어머니는 애도와 치유의 상징인 동시에, 가장 고통 받는 존재의 표상이다. 김현주의 '마더'는 상실과 구원의 이중적 장을 실현하며, 우리가 어떻게 살아가는가에 대한 윤리적 성찰로 나아가게 한다.

2022년 이태원 참사 현장인 "해밀턴호텔 골목 상가"(「아아, 한술 뜨고 가거라」)에서 시인은 목자를 잃고 "양들만 흩어지고 흩어져서／ 어느 들짐승의 밥이 되"는 "어린양의 가파른 울음"

을 경청한다. 이러한 발걸음은 추상적 모티브에 머물지 않고 실제 현장을 찾고 기억하는 '다가가는 애도'의 실천으로 확장된다. 바로 기억과 현장에 마음을 모으는 애도의 실천은 일시적 감동이나 잠정적 선언을 넘어, 인간 존엄과 가치를 품은 근원적 행위임을 일깨운다. 슬픔의 장소를 기억하고 고통의 주체를 껴안음으로써, 김현주의 시는 인간 윤리의 최종적 기원을 확인한다. 이러한 시적 사유의 힘은 곧 시와 삶의 조화이며, 누구도 고통에서 예외가 될 수 없음을, 애도와 위로는 단 하나의 인간적 실천임을 증명한다.

해밀턴호텔 골목 상가 문설주마다
어린양의 가파른 울음이 아직 대롱대롱 매달려 있다

개미 새끼 한 마리 얼씬 못하는, 폴리스라인 안쪽으로
어느 슬픔이 진설해 놓은 막막한 젯밥

아야, 그만 놀고 손 씻고 들어와 밥 먹어야지!

촘촘한 인파를 밀치고 헤엄쳐 가던 노을이
슬쩍 하늘의 전광판을 지워버렸다

응답하기엔 너무 투명해져 버린 아야, 의 이름들

목자는 어디 가고 양들만 흩어지고 흩어져서
어느 들짐승의 밥이 되었는가,

비탄의 놀이터, 지상의 울부짖음을 밟지 않으려

젖은 달빛 사이로
흐르고 흘러가는 아이들

이제 우리 모두 가면을 벗고, 본향으로 돌아가야 할
다 저녁때, 둥근 밥상에 동네 꼬마들을 둘러앉힌

우리 엄마는, 늘 그랬다,

아야, 때가 늦었으니, 찬은 없어도 밥이나 한술 뜨고 가거라.
—「아야, 한술 뜨고 가거라」 전문

  시인은 "해밀턴호텔 골목 상가"라는 참사 현장과, "찬은 없어도" 따스한 밥을 준비하고 "동네 꼬마들을 둘러앉힌" 엄마의 "둥근 밥상"이라는 일상의 공동체 공간을 의도적으로 병치한다. "해밀턴호텔 골목 상가 문설주마다/ 어린양의 가파른 울음이 아직 대롱대롱 매달려 있다"라는 구절은, 목자를 잃고 무방비로 흩어진 어린 양들의 절규와 아비규환의 참상이 지금도 여전히 현재적 문제임을 선명하게 드러낸다. 이 장소는 비탄의 공간인 동시에, 젊은이들이 제대로 보호받지 못한 인재人災의 현장임을 상징한다. 시인은 "아야, 그만 놀고 손 씻고 들어와 밥 먹어야지!"를 반복적으로 부름으로써 "비탄의 놀이터, 지상의 울부짖음"을 외면하지 않는다. 이어 "다 저녁때, 둥근 밥상에 동네 꼬마들을 둘러앉힌// 우리 엄마는, 늘 그랬다,// 아야, 때가 늦었으니, 찬은 없어도 밥이나 한술 뜨고 가거라."라며 대비되는 장소로 독자를 이끈다. 둥근 밥상은 어머니의 세심한 보살핌과 안전, 생명의 회복이 실현되는 공간이다. 엄마는 잃은 자들에게 한 술의 밥을 건네며, 가장 일상적인 방법으로 공동체와 애도의 윤리를 회복하고 있다. 목자의 부재로 흩어진 어린 양들과 어머니가 아이들에게 베푸는 음식과 사랑은 시 속에서 극명하게 대조된다. 시인은 비통한 현실과 따뜻한 기억을 나란히 놓음으로써, 상실과 돌봄, 파괴와 회복이 교차하는 시적 구조를 형성한다. 이 구조는 한 장소에서는 애도의 근원이 되고, 또 다른 장소에서는 생명의 원천으로 반복적으로 기능한다. 이런 대조는 시간의 순환과 윤리적 각성의 공간을 동시에 열어주는데, 해밀턴 호텔 골목에서 희생된 아이들이 각각 어느 가족의 사랑스러운 존재이자 소중한 구성원이었음을, 그리고 그들이 결코 나와 무관한 존재가 아님을 시인은 굳게 믿는다. 참사와 참상은 상실에서 그치지 않는다. 그날의 고통은 가족들과 공동체의 삶을 송두리째 바꾸어 놓는다. 어머니의 슬픔과 괴로움은 그뿐 아니라 아이를 잃은 어머니와 아버지는 현실로 돌아와 마치 없었던 사실로 여기는 대신 "우리 모두 가면을 벗고, 본향으로 돌아가야 할" 때를 맞는다.

봉긋한 가슴은 숨어들기 좋게 뭉쳐 있었지

갓 산란한 알을 둥지에서 꺼내듯 오래 접혀 있던 자세를 펼치자
돋아나는 심호흡, 목소리 하나를 꺼내주는데

내 자식 내놓아라, 내 새끼 내놓아라, 악을 썼거든
자식 뺏긴 어미가 무엇이 두렵겠어,

안기부 직원도 무섭다 할 정도로 그늘진 곳마다
소름처럼 꽃은 피고 꽃들은 그 시퍼런 순간을 목격했겠지

배운 것 없이 평생 호미 들고 농사지은 어머니
모든 청각이 사라진 뒤에도 사라지지 못하고
몸서리치는 미망迷妄의 뻐꾸기 소리

나도 아들이 있었다,

옴팡 가슴에 고여 있던 아들은 얼마나 숨이 찼을까

빼앗긴 새가슴을 어쩌하랴, 어느 바닥없는 지옥까지 내려갔
다 홀연히 허공을 파고드는 자진모리인가,

무연고자 묘지 옆, 풀잎 하나 다치지 않고
소복이 돋아난 오월의 페이지

정오에는 맑은 정신으로 아들을 마중 나가야지,
말하는 건 내가 아닌데, 파헤친 가슴에서 발굴된 음성

뿌리를 지그시 압박하는 화사花蛇에도 놀라지 않고
펜스 밖 오소소 솜털 돋은 푸른 렌즈들이
찰칵찰칵 삭제된 울음을 복원하고 있다.
　　　　　　　　　　—「삭제된 페이지」 전문

　시인은 집단적 상실과 역사적 기억의 진실을 복원하려는 분명한 의지를 보여준다. 어머니의 울부짖음, "오월의 페이지", "내 자식 내놓아라, 내 새끼 내놓아라"라는 격렬하고도 절박한 목소리가 시의 곳곳에 새겨져 있다. 시인은 민주화 역사와 광주항쟁에서 비롯된 우리의 집단적 트라우마를, 잃은 자의 넋과 남은 자의 애도를 들숨과 날숨만큼 가까이 호명한다. "무연

고자 묘지 옆, 풀잎 하나 다치지 않고/ 소복이 돋아난 오월의 페이지// 정오에는 맑은 정신으로 아들을 마중 나가야지,/ 말하는 건 내가 아닌데, 파헤친 가슴에서 발굴된 음성" 등에서, 부재와 침묵, 억압과 복원이라는 한국 근현대사의 슬픈 구조를 시인은 낮고 집요한 시적 언어로 엮어낸다. 조용히, 그러나 단호하게 반복되는 어머니의 목소리는 모든 역사의 숨겨진 페이지에서 발굴되는 진실의 실마리가 된다. 이 시편은 이처럼 추상에 머무르지 않고, 억울하게 삭제된 자들의 삶을 복원하려는 시적 사유의 실천으로 남는다. 누구도 배제되지 않은 조화와 윤리를 향해 울려 퍼지는 슬픔의 근원적 토로로, 시인은 슬픔의 현장에 직접 발걸음을 옮기며 기억의 힘이 곧 인간적 존엄의 기원이 됨을 고요하게 증명한다. 시인은 "사라지는 얼굴을 보려" 애쓰고, "잃어버린 얼굴을 기억하는 물방울을 닮은 눈"으로 자신을 돌아보며 이렇게 말한다. "당신의 얼굴을 찾으러 또 올게"(「수련의 새벽」), 그리고 "당신의 침묵을 베껴"(「시인의 말」) 쓰겠노라고.

6. 상처의 꽃에서 피우는 눈부신 깨우침

김현주의 시적 진경은 글로컬에서 점차 로컬로 그리고 '그들'에서 '나'에게로 조용히 수렴된다. 먼 타인의 고통과 고독을 응시하며 획일적 이념과 신념이 낳은 인간적 위협을 확인했던 시인은, 마침내 '우리'의 일상과 현실 속에서 자신의 고통과 맞닿는 참사의 의미를 깊이 성찰한다. 이로써 고통에는 결코 예외가 없고, 누구에게도 비켜나가지 않는다는 사실이 점차 분명해진다. 결국 시인은 "나의 고독에게 안부"를 묻는 일상의 행위를 통해 고통이 곧 '우리' 모두의 일임을 증명한다. "백내장 앓던 황소가 누군가의 안부를 되새김질하듯," 우리가 서로에게 안부를 묻고 위로해야 하는 까닭은 "너와 나의 목숨이 아직 지상에 있"기 때문이라고 고백한다. "안부가 너무 늦어서 죄송하다고 생각지 마라"(「안내안전문자」)는 조언과 함께, 위로와 안부는 이 순간에도 여전히 절실히 필요하며 절대 늦지 않았다는 윤리적 각성이 김현주의 시를 단단하게 지탱한다.

    예쁜 종 모양의 상록수, 스파티필룸,
    뭉치듯 흩어지다가 마침내 꽃들이 핀다

    운신할 공간이 없다는 이유만으로 가지를 치다가 1cm만 더 밑으로 허리가 잘렸더라면 아기집을 잃을 뻔했는데 난산인 듯 하얀 피를 뚝뚝 흘리고 있는

    상처의 꽃, 깨우침이 눈부시다

    왜 이렇게 힘들게 사느냐고,

여긴 꽃길이 아니라고, 선택조차 버거운 지하 방
홀로 험한 시절을 엿본 듯,

하늘을 믿고, 땅을 믿고, 은혜의 단비라는 말을 믿고 제 살을 뜯어 먹이며 떠내려가는 우렁각시의 심정을 지상의 사람들은 알기나 할까
더위도 잠시 휴전을 알리는 듯
7월도 끝 무렵

인고의 원칙을 지킨, 정신의 무늬

기운 햇살 한 꼭지 지하로 내려와 분만촉진제라도 놓는지
섰, 숨죽인 문밖
오메, 우리 어매, 시 낳고 계셨네!

책상다리로 끙끙 앓고 있는 여든의 채순 여사,
모진 삶의 품격이 여기에 있었다는 듯
밤공기를 뒤흔드는 만삭의 붉은 시편들

당신을 오래 읽다 보면,
어떤 것들은 맑은 영혼을 갖게 돼, 그건 아마
생명의 소멸에 대한 암시이기도 해서 끝물인 내 몸에서도

한 움큼의 마른 이슬이 뚝뚝 진다.

—「끝물」 전문

　시인이 시를 쓰는 행위는, 단순한 언어의 조형을 넘어선 존재적 확인에 가깝다. "예쁜 종 모양의 상록수, 스파티필룸" 꽃이 뭉치고 흩어지는 장면에서부터, 삶의 "운신할 공간"조차 쉽지 않은 현실의 저 깊은 고통, "난산인 듯 하얀 피를 뚝뚝 흘리고 있는// 상처의 꽃"과 "책상다리로 끙끙 앓고 있는 여든의 채순 여사"까지 시인은 고달픈 인생의 현장을 직접 목격하며, 그 상처와 인내를 고요히 기록한다. 이 기록 행위는 단순한 슬픔의 진열이 아니다. 시인의 붓끝에서 "오메, 우리 어매, 시 낳고 계셨네!"처럼 시가 탄생한다. 고통과 인고의 순간마다 삶은 소멸하지 않고 '시'라는 또 다른 생명으로 태어나는 것이다. 「끝물」의 시학은 인생의 한끝에서도, 밤공기를 뒤흔드는 시편들을 통해 "맑은 영혼"의 치유와 격려, 존재의 존엄과 창조의 소망을 끈질기게 환기하는 셈이다.

　결국 김현주의 시적 사유는 고통과 아픔의 현장이라는 '실재'와 마주함으로써, 그 부서진 마음을 하나하나 봉합한다. "하늘을 믿고, 땅을 믿고, 은혜의 단비라는 말을 믿고 제 살을 뜯어 먹이며 떠내려가는 우렁가시의 심정"처럼 힘겨운 삶에 대한 애틋한 증명을 시인은 수행한다. 그러나 시인은 "당신을 오래 읽다 보면,/ 어떤 것들은 맑은 영혼을 갖게" 되고 "그건 아마/ 생명의 소멸에 대한 암시이기도" 하지만, "끝물인 내 몸에서도/ 한 움큼의 마른 이슬이 뚝뚝" 지는 일이라는 것을 깨닫는다. 그에게 시를 쓴다는 행위는 상처 입은 현실의 모든 무늬를 있는 그대로 끌어안으면서, 고통 속에서도 언제나 다시 살아나는 생명의 빛을 끝까지 붙들어 내는 일이다. 이는 곧 애틋함의 극치에서 솟구치는 시의 윤리, 모두를 치유로 이끄는 절박한 공감이며, 언어와 음률의 치열한 결단이 만들어 내는 가장 투명한 깨달음의 문文이자 음音이다.

시인의 선의와 애도가 세상을 구제할 수는 없을지라도 부정과 억압, 참사와 전쟁을 부분적으로 선택하거나 침묵한 채 일그러진 표정과 쉰 목소리만을 탓하는 것 또한 올바른 태도는 아닐 것이다. 단칼에 낙원이 성취되거나 고통과 고독이 한순간에 사라지지 않는다고 해도, 작은 관심과 선의가 깃든 '말'과 '행위'의 누적은 분명히 소중한 가치를 가진다. 시인은 아름다운 허위에 머무르지 않고, 자연으로부터 공생과 조화의 법칙을 배우며 더딘 걸음으로 '사람다운 삶'에 다가선다. 그 과정의 곡절과 지연은 오히려 삶을 더욱 의미 있게 만드는 필연이 된다. 저 너머 '그들'의 아픔에서 시작해 '우리', '너', 그리고 '나'에게 다가가는 시적 여정은, "지상에 있"(「안내안전문자」)는 한 누구도 피할 수 없는 고통의 삶을 견디는 방식을 안부와 기록, 즉 시적 대화와 증언에서 찾으며, 지속적인 관심의 힘을 믿는다.

  김현주의 시적 실천은 타인의 고통과 아픔을 내면화하며 존재의 균열과 부서짐을 붓끝으로 봉합하는 고요한 증명이다. 시인은 남김없이 자신을 소진하여 언어의 힘을 통해 현실의 폭력과 불의를 드러내고, '안부'와 '기록'이라는 인간적 행위를 진정한 치유와 공감의 시작으로 제시한다. 그의 시세계는 현장의 구체성과 근본적 윤리를 놓치지 않으면서도 애도와 위로, 자연의 공생과 흔들림, 애틋한 연대의 정서까지 한층 세련된 감각으로 변주한다. 결국 그는 개인의 상처와 사회의 참사, 자연의 회복과 인간의 윤리가 교차하는 자리에서 아름다운 허위가 아닌 현실의 진실을 시의 본령으로 삼는 셈이다. 시인은 단칼의 해소가 불가능한 고통 속에서도, 끈질기게 그리고 다정하게, "끝물"의 마른 이슬과 "삭제된 페이지"의 애도 속에서 생명의 가능성을 끝까지 붙든다. 그의 시는 익명적 다수 속에 가려진 삶의 얼굴을 한 줄 한 줄 복원하며, 가장 맑은 언어와 음률로, 인간다운 삶의 기원과 깨달음을 고요하게 증명하는 것이다. 이것이 바로 '시의 힘'이자, 시인의 윤리적 소명이 오늘의 우리에게 남기는 명징한 결론이다.

| 김현주 |

전북 전주 출생. 2007년 『시선』으로 등단했으며, 시집으로 『페르시안 석류』 『好好 해줄게』 『유채꽃 광장의 증언』이 있다. 숲속의 시인상, 시인들이 뽑는 시인상 등을 수상했고, 2023년 아르코문학창작기금, 2018년, 2021년, 2025년 인천문화재단 예술지원금을 수혜했다.

이메일 : wine47@empas.com

현대시 기획선 138
붉은 입술을 다 써버렸습니다

초판 인쇄 · 2025년 9월 25일
초판 발행 · 2025년 10월 1일
지은이 · 김현주
펴낸이 · 이선희
펴낸곳 · 한국문연
서울 서대문구 증가로29길 12-27, 101호
출판등록 1988년 3월 3일 제3-188호
편집실 | 서울 서대문구 증가로31길 39, 202호
대표전화 302-2717 | 팩스 · 6442-6053
디지털 현대시 www.koreapoem.co.kr
이메일 koreapoem@hanmail.net

ⓒ 김현주 2025
ISBN 978-89-6104-398-4 03810

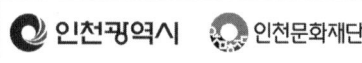

* 본 도서는 인천광역시와 (재)인천문화재단의 후원을 받아 '2025 예술창작지원 사업'에 선정되어 발간되었습니다.

값 13,000원

* 잘못된 책은 바꾸어 드립니다.